Martina Muttke

Bessere Gehirne. Bessere Führung.

Martina Muttke

Bessere Gehirne. Bessere Führung.

Warum Leadership im Gehirn beginnt – und wie Neurowissenschaft Motivation, Vertrauen und Leistung erklärt

DE GRUYTER

Trotz sorgfältiger Erstellung unserer Bücher lassen sich Fehler manchmal leider nicht ganz vermeiden. Wir bitten zu entschuldigen, dass die Copyright Lizenz im Erstdruck versehentlich nicht korrekt abgedruckt wurde. Dies wurde korrigiert.

ISBN 978-3-11-223408-2
e-ISBN (PDF) 978-3-11-223409-9
e-ISBN (EPUB) 978-3-11-223410-5

Library of Congress Control Number: 2026933098

Bibliografische Information der Deutschen Nationalbibliothek
Die Deutsche Nationalbibliothek verzeichnet diese Publikation in der Deutschen Nationalbibliografie; detaillierte bibliografische Daten sind im Internet über http://dnb.dnb.de abrufbar.

Einbandabbildung: Eoneren/E+/Getty Images
Satz: Integra Software Services Pvt. Ltd.

www.degruyter.com
Fragen zur allgemeinen Produktsicherheit:
productsafety@degruyterbrill.com

Über dieses Buch

Bessere Gehirne. Bessere Führung zeigt, wie wir die faszinierenden Erkenntnisse aus der Neurowissenschaft nutzen können, um unser Gehirn zu verstehen und unsere Führungsqualitäten zu verbessern. In einer Zeit, in der Maslows Grundbedürfnisse weitgehend erfüllt sind, brauchen moderne Teams neue Führungskonzepte. Die Herausforderung für sie besteht darin, zu verstehen, was in den Köpfen ihrer Mitarbeitenden vor sich geht – und sie durch dieses Wissen erfolgreicher sein können.

Führungsqualitäten und unser Gehirn sind komplexe Themen. *Bessere Gehirne. Bessere Führung* setzt die Puzzleteile zusammen und zeigt, wie sich aus der Verbindung beider Welten ein Umfeld für Vertrauen, Motivation und Zielstrebigkeit gestalten lässt. Indem wir unsere Organe buchstäblich mit ins Spiel bringen, wandelt sich das Thema Führung von einem soziologischen Modell hin zu einer biologischen Wissenschaft – der Biologie der Führung.

Das neue GMC-Modell verbindet individuelle Führungsstile mit neurowissenschaftlichen Erkenntnissen. Der Schlüssel, um zu lernen, wie wir unsere Gehirne besser fördern können und anderen ebenso dabei helfen, liegt in der Erforschung der natürlichen Neigung von Führungskräften, ein Gärtner, Magier oder Captain zu sein.

Bessere Gehirne. Bessere Führung lädt Leserinnen und Leser ein, zu entdecken, was sich in der „Schachtel" auf unserem Schultern verbirgt. Wissenschaftlich fundiert, aber nicht kompliziert; faszinierend, aber nicht esoterisch; unterhaltsam, ohne ins Populäre abzurutschen — so zeigt das Buch, wie Führungskräfte ihr Gehirn für Erfolg nutzen können.

Aufgeteilt in überschaubare Abschnitte mit zahlreichen Geschichten aus der Praxis, Tools, Tipps und Taktiken, zeigt *Bessere Gehirne. Bessere Führung*, dass Führung messbar geworden ist – nicht primär mit psychologischen Instrumenten, sondern mithilfe der Neurowissenschaften!

https://doi.org/10.1515/9783112234099-202

Inhalt

Danksagung

Das Schreiben dieses Buches war eine spontane Entscheidung, zu der mich besondere Menschen und bestimmte Ereignisse inspiriert haben. Ich danke dem Vorsitzenden eines wissenschaftlichen Symposiums in Peking dafür, dass er mir zu meiner Präsentation mit den Worten „Sie sollten Lehrerin werden!" gratuliert hat. Ich danke meiner Mutter, die tatsächlich Lehrerin war, dafür, dass sie in mir den Wunsch geweckt hat, komplizierte Themen auf einfache Weise erklären zu können. Ich danke meinem Vater, der mir eines Tages von dem Buch mit dem Titel *Managen durch Gärtnern* erzählte, das er schon immer hatte schreiben wollen. Der Gärtner blieb irgendwie in meinem Unterbewusstsein hängen. Ich danke Kim und Kemal, den Leitfiguren in meinem Buch, die mich mit ihrem magischen Stil inspiriert haben. Und schließlich danke ich meinem Partner João und Milly, dem Cockapoo, dafür, dass sie mich so sehr lieben und umsorgen, dass ich mir selbst vertraut habe, dieses Buch zu schreiben.

Ein Wort zur Anrede

Die Neurowissenschaft ist ein aktiver Prozess. Um die Distanz zu verringern und Dich als Leser:in sofort zur gemeinsamen Arbeit einzuladen, habe ich mich für das **„Du"** entschieden. Betrachte diese direkte Anrede als Startsignal: Wir beginnen sofort mit der Aktivierung Deiner **„Besseren Gehirne"**.

https://doi.org/10.1515/9783112234099-204

Einführung

> Sei Dir darüber bewusst: Schon beim Lesen verändert sich dein Gehirn. Mit jeder weiteren Zeile verändert es sich weiter. Die Neurowissenschaft zeigt uns etwas Faszinierendes und zugleich Beängstigendes: Jede Erfahrung, jede Beziehung, jedes Verhalten, jede Aktivität formt unser Gehirn neu.

Ich habe sechs Jahre lang Medizin studiert, eine Ausbildung an der Harvard Business School absolviert, war Führungskraft in großen Unternehmen und coache seit fast 25 Jahren Führungskräfte und ihre Teams. Aber ehrlich gesagt, war ich immer verwirrt von der Flut an Führungsratgebern, Konzepten und Theorien. Ich konnte nicht herausfinden, wie ich System eins und zwei mit Konzepten rund um emotionale Intelligenz, Strengthsfinder und Myers-Briggs in Einklang bringen und gleichzeitig sicherstellen konnte, dass ich mich richtig einbringe ("*lean in*!") und mir meine Entschlossenheit ("*grit*!") bewahre.

Die meisten Führungskonzepte sind mir entweder zu komplex, zu vereinfacht oder es scheint etwas zu fehlen. Ich habe beobachtet, dass jede Führungskraft sich nach Generation, Kultur, eigenem Stil, Zielen, Bedürfnissen usw. von anderen unterscheidet, und dass unser Gehirn ganz individuell reagiert. Diese Beobachtung war der Auslöser dafür, mich mit den Neurowissenschaften zu beschäftigen. Plötzlich fügten sich viele Puzzleteile zusammen.

Die Einleitung zur Serie *The Twilight Zone* bringt das Gefühl, das die Neurowissenschaften in mir auslösen, auf den Punkt: „Es ist eine Dimension so weit wie das All und so zeitlos wie die Unendlichkeit. Es ist das Zwischenreich zwischen Licht und Schatten, zwischen Wissenschaft und Aberglaube, und es liegt zwischen dem Abgrund der menschlichen Ängste und dem Gipfel seines Wissens."

Obwohl das Gehirn mindestens genauso beängstigend und geheimnisvoll ist wie meine Lieblingsfernsehserie, bieten die Neurowissenschaften faszinierende Einblicke, wie sich das verborgene Potenzial des Gehirns freisetzen lässt, und wie dieses Wissen die Lücke zu den fehlenden Teilen rund um Führungskonzepte schließen kann. **Es ist überraschend, aber nicht neu, dass Führung in hohem Maße eine biologische Wissenschaft ist und nicht rein auf Soziologie basiert.**

Dank der modernen Neurowissenschaften können wir sehen, welcher Teil unseres Gehirns aktiv ist, wenn wir unsere Zehen mit den Fingern zusammendrücken. Wir können die Bereiche im Gehirn genau lokalisieren, in denen Neuronen aktiv werden, wenn wir uns ein Ziel vorstellen. Wir können nachweisen, dass die 500 Millionen Neuronen im menschlichen Darm die gleiche Komplexität aufweisen wie das Gehirn einer Katze. Dennoch versteht eine Führungskraft nicht, warum sie prokrastiniert, nicht gut schläft und ihrem Team nicht dabei helfen kann, sein Potenzial auszuschöpfen.

Was wäre, wenn wir unser Gehirn bewusst einsetzen könnten, um unsere Ziele zu erreichen und uns gegenseitig zu motivieren? Was würde das für menschliche Be-

https://doi.org/10.1515/9783112234099-001

ziehungen bedeuten? Obwohl Neurowissenschaft weit diskutiert und oft auf pseudowissenschaftliche Weise in der Persönlichkeitsentwicklung angewandt wird, bleibt sie zugleich ein Stück weit geheimnisvoll. Führungskräfte bewegen sich dabei meist im Feld der „unbewussten Inkompetenz“, wenn es darum geht, die Gefühle, Gedanken und Träume der Menschen zu verstehen, die sie führen. Während die Neurowissenschaft nach und nach ihre Geheimnisse preisgibt, sind wir im Bereich der „bewussten Inkompetenz“ – und erkennen, wie unzureichend wir unsere Führungsaufgabe bislang erfüllen. Doch genau darin liegt die Chance: Wir können die Fähigkeiten unseres Gehirns erforschen und haben die spannende Möglichkeit, die nächsten Stufen zu erreichen – hin zu „unbewusster“ und schließlich „bewusst kompetenter“ Führung.

Führung ist messbar geworden – nicht mit psychologischen Instrumenten, sondern durch die Neurowissenschaften.

In der Neurowissenschaft hält sich hartnäckig der Mythos, wir würden nur 20 Prozent unseres Gehirns nutzen. Tatsächlich nutzen wir fast immer 100 Prozent. Wenn wir jedoch bestimmte Bereiche, Funktionen und Mechanismen bewusst einsetzen könnten und lernen würden, unser Gehirne zu fördern, es zu trainieren und bei Bedarf aktivieren zu können, wie würde sich dann Führung verändern?

Führungskräfte profitieren nicht nur davon, eine Wissenschaft zu entmystifizieren, die oft esoterisch und hochkompliziert wirkt, sondern auch davon, zu lernen, wie sie ihr eigenes Gehirn beherrschen können – für bessere Führung. Wenn wir den Zusammenhang zwischen unserem Verhalten und den entsprechenden Abläufen im Gehirn aufzeigen, verstehen wir die Folgen von guter oder schlechter Führung – und sehen, warum Mitarbeitende motiviert und erfolgreich sind, oder Angst bekommen und prokrastinieren.

So einfach ist es jedoch nicht. Auch wenn wir heute an einem Punkt sind, an dem wir alle Voraussetzungen erfüllen, um Führung nicht nur auf einer sozialwissenschaftlichen Grundlage, sondern auch auf einer biologischen zu entwickeln, bleibt eine Tatsache bestehen: Die praktische Umsetzung wissenschaftlicher Erkenntnisse ist nach wie vor schwierig. Wir sind sicher, dass ein integriertes Führungsmodell eine gute Idee wäre, aber wie die zahlreichen Wissensfragmente aus dem merkwürdigen Feld der Neurowissenschaft sinnvoll angewendet werden können, ist längst nicht klar.

In einer Zeit, in der die Grundbedürfnisse nach Maslow weitgehend erfüllt sind, hat die moderne Arbeitswelt ganz andere Erwartungen an Führungsqualitäten als in den Jahrzehnten zuvor. Viele der etablierten Konzepte stützten sich auf die Sozialwissenschaften, aus einer Zeit, als die Neurowissenschaften noch nicht existierten. Die neue Herausforderung für Führungskräfte besteht heute darin, zu verstehen, was im Gehirn ihrer Mitarbeiter passiert – und wie dieses Wissen alle effizienter und erfolgreicher machen kann.

Unsere Ziele als Führungskräfte sind dieselben geblieben: Wert schaffen – für Kund:innen, das Unternehmen, das Team und für uns selbst. Doch es gibt einen neuen Weg, um diese Ziele zu erreichen: Wir bringen die übergeordneten Interessen aller Beteiligten in Einklang, aktivieren Vertrauen und Motivation als „Treibstoff" und genießen die erfüllende Reise zum Ziel. Wie? Indem wir unser Gehirn Raum geben und buchstäblich unsere Organe ins Spiel bringen. So entwickelt sich Führung aufgrund von Erfahrungen und soziologischen Modellen hin zu einer Wissenschaft der Biologie, zur Biologie der Führung.

Die spannende Nachricht ist, dass Führungsqualitäten im Gehirn messbar geworden sind. Die noch bessere Nachricht ist, dass Du nicht warten musst, bis Du tot bist, um sie zu messen.

In *Bessere Gehirne. Bessere Führung* werden wir Wege erkunden, wie Du mehr über Deinen Führungsstil erfahren kannst – und wie Du ihn mit den Fähigkeiten nutzen kannst, die Dein Gehirn Dir zur Verfügung stellt.

Bessere Gehirne. Bessere Führung zeigt, wie wir das Gleichgewicht der wichtigsten Gehirnareale und deren Chemie, die für die Entstehung von Bedrohung und Belohnung, Stress und Entspannung verantwortlich sind, bei uns selbst und unseren Mitarbeitenden herstellen und nutzen.

Bessere Gehirne. Bessere Führung verbindet die Erkenntnisse aus den Neurowissenschaften, die derzeit ohne praktischen Nutzen im Raum stehen. Viele der Puzzleteile rund um Führung und Neurowissenschaft passen tatsächlich zusammen. Eine allgemeingültige Formel gibt es zwar nicht, aber vielmehr geht es darum, mithilfe eines Modells, das ich für mich selbst, für die Führungskräfte, die ich coache, und für die vielen Praktiker:innen mit Personalverantwortung weltweit entwickelt habe, den Zusammenhang zwischen Gehirn und Führungsqualitäten zu entdecken.

Sowohl Führung als auch unser Geist sind komplexe Bereiche. *Bessere Gehirne. Bessere Führung* zeigt uns, dass wir durch die Kombination beider Welten uns selbst und unsere Teams effizienter führen können. Das in diesem Buch eingeführte GMC-Modell ist ein integrierter Ansatz, der individuelle Führungsstile mit Neurowissenschaft verbindet und veranschaulicht, wie wir unsere Gehirne fördern können.

Führung wurde schwierig und verwirrend, als die Neurowissenschaften die zugrunde liegenden biologischen Mechanismen sichtbar gemacht haben. Genau deshalb können sie heute wieder für Klarheit und Orientierung sorgen und helfen, im Dschungel des Gehirns und unserer VUCA-Welt aus Millennials, Boomern und Gen X, alten Führungsstilen und neuen Anforderungen, erfolgreich zu bestehen.

Jetzt, da wir beide Welten verknüpfen können, haben wir die Verantwortung, die Funktionsweise unseres Gehirns direkt mit unserem Führungsstil zu verbinden. Und das geht auch einfach, spannend und richtig unterhaltsam!

Der erste Teil des Buches beschreibt, mit welchen widersprüchlichen Erwartungen Führungskräfte konfrontiert sind: Sie sollen stark sein, aber „locker bleiben", leidenschaftlich sein, aber bestimmt, charismatisch, aber ergebnisorientiert. Wir führen eine selbstbewusste, sinnorientierte Belegschaft, die mehr verlangt als reine Richtungsvorgaben. Zusätzlich setzen sich unsere Teams aus Mitarbeitenden verschiedener Generationen mit unterschiedlichen Zielen und Erwartungen zusammen: die „traditionellen" Babyboomer und Gen X, die zeigen möchte, was sie kann, und Förderung sowie Sicherheit braucht sowie die selbstbewussten Gen Z und Millennials, die ihren Platz in der Welt erobern wollen und dafür Sinn und Zugehörigkeit benötigen.

Wir müssen die unbequeme Wahrheit anerkennen: Die klassische, kompetenzbasierte Führung funktioniert nicht mehr. Tausende Bücher, Artikel und Trainingsangebote mit standardisierten Führungswerkzeugen liefern uns weder die Erkenntnisse noch die Fertigkeiten, die wir für diese widersprüchlichen Anforderungen benötigen. In einer Welt voller Veränderung, Chaos und Unsicherheit merken wir, wie schwierig – und gleichzeitig entscheidend – es ist, Führung sowohl auf unsere eigenen Fähigkeiten als auch auf die individuellen Bedürfnisse (und Gehirne) unserer Mitarbeitenden zuzuschneiden.

Das nächste Kapitel widmet sich der Neurowissenschaft – in der Hoffnung, dass tiefere Erkenntnisse über unser Gehirn uns auf magische Weise zu besseren Führungskräften machen. Erkenntnisse aus der Neurowissenschaft verwirren leider oft mehr, als dass sie uns helfen – und die Mehrheit der interessierten Führungskräfte fühlt sich eher überfordert oder verlieren den Faden. Haben wir ein Gehirn? Zwei? Oder drei oder mehr? Eines im Kopf, eines im Herzen, eines im Bauch? Nein – im Gehirn selbst gibt es verschiedene „Gehirne“. Aber was machen die noch einmal? Schlagzeilen und TV-Shows verbreiten aufregende Neuigkeiten über Epi-irgendwas und Neuro-Knete (Epigenetik und Neuroplastizität) – und erzählen uns, dass das, was da oben in unserem Kopf seit der Geburt sitzt, in Wahrheit eine ständige Baustelle ist. Sogar die Bakterien in unserem Darm können unser Gehirn verändern. Und als Führungskräfte beeinflussen wir außerdem die Chemie im Gehirn unserer Mitarbeitenden jedes Mal, wenn wir sie anschreien.

Kein Wunder also, dass Führungskräfte verwirrt sind. Was wir wirklich brauchen, sind zugängliche Informationen, welchen Einfluss wir auf unser eigenes Gehirn und unsere täglichen Interaktionen mit Menschen haben. Im nächsten Kapitel geht es genau darum: Ich erkläre die relevanten Aspekte der Neurowissenschaft und zeige, wie hilfreich es ist, als Führungskraft die Gehirnfunktionen zu kennen, um Gedanken zu „lesen“, Emotionen zu deuten und ein Team gezielt zum Erfolg zu führen.

Das Fazit des ersten Teils von *Bessere Gehirne. Bessere Führung* ist positiv: Wir haben endlich alles, was wir brauchen, um Führung von einer Sozialwissenschaft voller Modelle, Vermutungen und Ungenauigkeiten mit der Biologie mit Fakten, Zahlen und Belegen zu kombinieren.

Der zweite Teil von *Bessere Gehirnes. Bessere Führung* erklärt in einfachen Worten die wichtigsten Systeme, Akteure und Handlungsmodi in unserem Gehirn – und deren Einfluss auf unser Verhalten, unsere Emotionen und unsere Führung. Das GMC-Modell, das Herzstück des Buches, zeigt uns: Niemand ist perfekt, sondern hat vielmehr angeborene Neigungen und Fähigkeiten, die es zu schätzen und zu entwickeln gilt.

Das Modell bietet Führungskräften einen Weg, ihren natürlichen Führungsstil zu entdecken. Dabei spielt es keine Rolle, ob ihre Tendenz eher die eines Gärtners, Magiers oder Captains ist – das neurowissenschaftlich basierte Modell unterstützt sie dabei, Werkzeuge anzuwenden und Taktiken zu entwickeln, um Teams erfolgreich zu führen. Es zeigt ihnen, wie sie die Fähigkeiten ihres Gehirns nutzen können, um Kopf, Herz (und Bauch!) in Balance zu bringen, mutig und inspirierend zu wirken und die Richtung für den Erfolg vorzugeben.

Bessere Gehirne. Bessere Führung bereitet schließlich die Bühne für The Better Brain Leader: Diese Führungskraft weiß, wie sie die Biologie ihres Gehirns nutzt, um ihren Führungsstil maßzuschneidern und ihre Aufgaben zu meistern. In den Kapiteln 6, 7 und 8 lasse ich meine persönliche Perspektive stärker einfließen, um anhand von Fallgeschichten, Anekdoten sowie klaren Tools, Tipps und Taktiken zu zeigen, wie Führungskräfte ihre Gehirne weiterentwickeln können – hin zum „Better Brain Leader" in einer „Better Brain Company", einem Arbeitsplatz, der viele unterschiedliche Bedürfnisse berücksichtigt.

Bessere Gehirne. Bessere Führung ist weder ein klassisches Führungsbuch noch ein Buch über Neurowissenschaft. Es vereint das Beste aus beiden Welten, um einer neuen Art von Führungskraft zu dienen, die in modernen Organisationen entsteht und den Bedürfnissen derjenigen Generationen gerecht wird, die heute und in Zukunft unsere Arbeitswelt prägen.

Leidenschaft für's Lernen, für die Menschen und Pragmatismus sind die Eigenschaften des Better Brain Leaders – und die Grundprinzipien dieses Buches.

Kapitel 1
Dein Hund liebt dich – dein Millennial auch?

> „Man führt nicht, indem man Menschen eins auf den Kopf haut – das ist Körperverletzung, keine Führungsstärke." Dwight Eisenhower

„Willkommen in unserem Unternehmen! Bevor es losgeht, musst Du erst den Test machen, um herauszufinden, ob du gelb, grün oder rot bist." („HR-Email Tag 2 nach meinem Eintritt in das Unternehmen")

Wie bitte? Mein erster Tag in einer neuen Führungsrolle, und schon sollte ich in eine Schublade gesteckt werden – ein Persönlichkeitstyp, eine Zwangsjacke der Sozialwissenschaft, basierend auf meinen selbstgebastelten Antworten auf eine zweifelhafte Fragenliste. Was ist der Sinn des Lebens? Die Antwort lautet immer noch 42.[1]

Von Myers-Briggs Type Indicator (MBTI) über DISC und Gallup StrengthsFinder bis hin zu den Big Five Persönlichkeitseigenschaften – unser Wunsch, uns selbst und andere besser zu verstehen, haben Sozialwissenschaften, Assessment-Center und Persönlichkeitsprofile immer populärer gemacht. Wir haben uns diesen intellektuell begründeten Tests und Prüfungen freiwillig unterzogen und unser farbcodiertes Schicksal akzeptiert – aber ist das wirklich das Beste, was wir zu bieten haben?

Zugegeben, derartige Tests regen uns zumindest dazu an, über unterschiedliche Persönlichkeitstypen im Arbeitsumfeld sowie über eine mögliche Anpassung unseres Führungsstils nachzudenken. Aber sie zeigen uns nicht, wie das gehen soll. Die Flut an Büchern, Kursen und Schlagwörtern – von „Emotionaler Intelligenz" bis hin zu „Verletzlichkeit (vulnerability)", mit denen Führungskräfte konfrontiert werden, macht sie nicht automatisch zu besseren Leadern. Auch noch mehr Wissen über Führung anzuhäufen bringt nichts – wir wissen nur nicht genau, warum.

In den letzten Jahren hat sich dieser Trend zu immer mehr *Datenintelligenz* weiterentwickelt – digitale Assessments kombinieren heute psychologische Profile mit Neurodaten oder Verhaltensmessung über Wearables. Trotzdem bleibt die Kritik dieselbe: Diese Daten liefern selten zuverlässige Einsichten in wichtige Parameter wie Motivation oder Vertrauen.[2]

Bei traditioneller Führung stehen nach wie vor Macht, Einfluss und Fertigkeiten im Vordergrund. Doch immer deutlicher zeigt sich, wie notwendig eine Kultur des Vertrauens und des Sinns, insbesondere für die neuen Generationen ist. Denn die Menschen, die wir heute führen, sind nicht mehr dieselben wie die Menschen von gestern. Mitarbeitende wollen ihr Schicksal nicht von konstruierten Tests abhängig machen – sie sind furchtlos, skeptisch und hyperinformiert. Wir werden nie erfahren,

---

1 Adams, D. Per Anhalter durch die Galaxis. Rogner & Bernhard, 1981.

2 Harvard Business Review. (Harvard Business Review. April 30, 2022). Developing a Digital Mindset. Retrieved from https://hbr.org/2022/05/developing-a-digital-mindset

https://doi.org/10.1515/9783112234099-002

ob sie „blau“ oder INTJ sind, wie ehrgeizig sie wirklich sind, ob sie eher in der Umsetzung oder im Einflussnehmen stark sind. Wie also sollen wir sie führen?

Die Führung der Furchtlosen – ein Neustart ist notwendig

> „Es gibt eine neue Generation von Unternehmern im Valley, die seit 2000, nach dem Dotcom-Crash, hinzugekommen ist. Sie ist völlig furchtlos.“ Marc Andreessen, Generation X[3]

Jim, eine erfahrene, gestandene Führungskraft Mitte 50, kam zu mir ins Coaching. Er erzählte, dass er im Verwaltungsrat einer Firma saß, die gerade ein Start-up übernommen hatte. Eigentlich ein ganz normaler Geschäftsablauf – warum war er so aufgebracht?

„Ich habe mit einem der Partner des Start-ups gesprochen – und er arbeitet nur vier Tage die Woche. Verstehen Sie mich nicht falsch, es ist nicht so, dass er die restliche Zeit im Homeoffice wäre. Nein, er arbeitet schlicht und einfach ganze 72 Stunden lang überhaupt nicht! Und es wird noch schlimmer: Seine Leute arbeiten nur drei Tage pro Woche. Können Sie sich das vorstellen? Ich bin ernsthaft dabei, unsere Due Diligence infrage zu stellen.“

Jim war schockiert und sprach den Vier-Tage-pro-Woche-Partner darauf an. Dessen Antwort: „So ist das eben. Ihr seid die letzte Generation, die sich selbst ausbeutet.“

Anfang 2026, und die Generationen am Arbeitsplatz haben sich neu sortiert: Die meisten Babyboomer genießen längst ihre zweite Karriere als Reisende, Großeltern oder Teilzeitberater. Die Generation X führt heute Unternehmen, Abteilungen und Länder – mit einem Bein in der analogen Welt und dem anderen in der digitalen. Millennials sind die operative Mitte: erfahren, ehrgeizig und zunehmend in Führungsrollen. Und Generation Z? Sie mischt bereits mit – oft in Start-ups, Tech-Firmen oder kreativen Jobs, die es vor zehn Jahren noch gar nicht gab.

Der alte Vorwurf, die Jüngeren seien „faul, narzisstisch und sprunghaft“[4] wirkt ziemlich altmodisch. Denn dieselben Generationen treiben nach COVID Innovation, Nachhaltigkeit und eine ganz neue Arbeitskultur voran – und verändern damit die Spielregeln von Arbeit und Führung grundlegend.

Laut der *Deloitte Global Gen Z and Millennial Survey 2025* stellen Millennials heute rund 60 Prozent der weltweiten Arbeitskräfte, während der Anteil der Generation Z bis 2030 auf über 35 Prozent steigen dürfte.[5] Die Mehrheit deines Teams wird

---

3 A Dozen Lessons for Entrepreneurs (Columbia Business School Publishing) Hardcover – December 5, 2017, 6 Marc Andreessen: Andreessen Horowitz, Chapter 6 page 58.

4 Time Magazine. *Millennials: The Next Greatest Generation?* (2013). http://nation.time.com/2013/05/09/millennials-the-next-greatest-generation/

5 Deloitte. *The 2025 Gen Z and Millennial Survey.* Deloitte Global, 2025. https://www.deloitte.com/global/en/issues/work/global-gen-z-millennial-survey.html

also aus Menschen bestehen, die in den 1980er-, 1990er- oder 2000er-Jahren geboren wurden – und die Arbeit anders denken und leben als ihre Vorgänger: flexibler, werteorientierter, vernetzter.

Sind sie also wirklich schwieriger zu führen? Oder erwarten sie einfach mehr Authentizität, Transparenz und Sinn?

Die aktuelle Deloitte-Studie zeigt:

- Sie vertrauen Arbeitgebern nur, wenn deren Werte sichtbar in der Praxis umgesetzt werden.
- Sie erwarten eine Haltung zu Themen wie Umwelt, Diversität und sozialer Verantwortung.
- Sie wünschen sich Führung, die zuhört – nicht nur Anweisungen gibt.
- Sie suchen Sinn, nicht Status.

Vertrauen und Sinn sind die neuen Währungen der Arbeitswelt. Wer heute führt, muss nicht laut, sondern authentisch sein.

Von Maslow zu den Millennials

Während die Babyboomer heute fast vollständig im Ruhestand sind, stammen die meisten Führungskräfte unserer Zeit aus der Generation X – geboren zwischen Mitte der 1960er- und frühen 1980er-Jahren. Sie sind jetzt in den Vierzigern, Fünfzigern oder frühen Sechzigern – die verlorenen Seelen zwischen KI, dem Produktivitätstool TwinMind, dem Videoerstellungsprogramm SORA und Neurodiversität.

Die Millennials und Gen Z definieren Arbeit, Sinn und Führung neu. Manchmal scheint es, als würde uns niemand im Arbeitsleben mehr wirklich verstehen. Die Jüngeren machen sich in Artikeln darüber lustig und fragen: „*Why are Gen X and Baby Boomer employees valuable assets in the workplace?*“[6] („Warum sind Mitarbeiter der Generation X und Babyboomer wertvolle Ressourcen am Arbeitsplatz?“) – während wir ihre Emojis und Slack-Threads zu entschlüsseln versuchen.

Wo ist also unser Platz unter den Furchtlosen? Vielleicht genau dazwischen – zwischen zwei Welten, die wir beide verstehen: zwischen Erfahrung und Aufbruch, Vergangenheit und Zukunft.

Wenn es darum geht, wie wir diese neuen furchtlosen Generationen führen wollen, ergibt sich folgende Chance: Jüngere Arbeitnehmende berichten deutlich höhere Stress- und Burnout-Level als wir – 68 Prozent der Gen Z und jüngeren Millennials

6 Culture Summit. How to Keep Gen X-Ers and Baby Boomers Engaged at Work. https://www.culturesummit.co/articles/keep-gen-x-ers-baby-boomers-engaged-work6

fühlen sich die meiste Zeit bei der Arbeit gestresst.[7] Diese Aussage gibt uns Ansatzpunkte, wie wir Vertrauen aufbauen, Sinn vermitteln und Führung an ihre Bedürfnisse anpassen.

„Was willst du, Boomer?"

Ein befreundeter Manager erzählte mir neulich, dass er einem seiner Teammitglieder einige Anweisungen geben wollte. Als er auf den Mitarbeiter zuging, schaute ihn der 32-jährige Überflieger an und fragte nur: „Was willst du, Boomer?" Mein Freund fand das erschreckend (auch weil er gar kein Boomer war und dieser Ageism-Angriff sein Ego empfindlich verletzte). Die neue Generation von Mitarbeitern respektiert weder Macht noch Autorität – sie respektiert Intelligenz und Kreativität. Doch können die älteren Generationen noch ernst genommen werden? Können sie die jüngeren Generationen inspirieren und in ihren Augen charismatisch sein?

Die Generation meiner Eltern, die Babyboomer, hatte ein sehr klares Wertesystem. Ihre Träume drehten sich fast ausschließlich um finanzielle Errungenschaften. Selbstreflexion war kein Thema – man wuchs hinein in das Bild eines hart arbeitenden Vaters und einer familienorientierten Mutter. Alles drehte sich um finanzielle Sicherheit. Konnte man ein Haus für die Familie bauen oder kaufen? Würde man den Job bis zur Rente behalten? War die Pension sicher? Für diese Generation stand außer Frage: Wer etwas erreichen wollte, musste jeden Morgen aufstehen, Tag für Tag die gleiche Arbeit verrichten und alles für den Beruf geben.

Die Managementsysteme, Führungspraktiken und Kommunikationsprozesse, die wir bis heute nutzen, stammen aus diesem industriellen Zeitalter der Arbeit. Sie basieren darauf, dass Menschen bereit sind, einen großen Teil ihres Lebens dem Arbeitgeber zu widmen – und dass alles andere (Selbstverwirklichung, Urlaub, Familie) rundherum organisiert und in die Lücken gepresst wird. Damals funktionierte dieses Modell, in einer Zeit, in der die Männer als „Ernährer" galten und zur Arbeit gingen, während die Frauen sich um Haus und Kinder kümmerten.

Heute schon gehen jeden Tag rund 10.000 Babyboomer in den Ruhestand[8] – und das auch noch in den nächsten Jahren. Diese „zahmen" Mitarbeiter gehen zur Tür hinaus und nehmen jahrzehntelange Erfahrung und Branchenwissen mit.

Wie können heutige Führungskräfte authentische, effiziente, generationenübergreifende Beziehungen aufbauen – und die „älteren Hasen" so bei Laune halten, dass sie ihre wertvolle Erfahrung noch länger einbringen?

7 Johns Hopkins University (2023): "Gen Z In The Workplace: How Should Companies Adapt?"; https://imagine.jhu.edu/blog/2023/04/18/gen-z-in-the-workplace-how-should-companies-adapt/

8 Gibson, William E. AARP.https://www.aarp.org/home-family/friends-family/info-2018/census-baby-boomers-fd.html

Generation Blackberry

Manche Millennials sprechen freundlich über die Generation X, also meine Kohorte. Wir seien zwar ein Haufen hedonistischer Materialisten – aber immerhin hätten wir keinen Krieg angefangen.[9] Und vergessen wir nicht: Wir hinterlassen das Erbe der ursprünglichen, wirklich großartigen Filme wie die *Star-Wars*-Saga. Wir haben die Kinopremiere erlebt.

Generation X vergötterte Extreme: Blackberry-Hype, die Gold Card einer Fluglinie, mindestens 150 ungelesene E-Mails, Sammlungen kleiner Handcremes, zusammengestellt auf hunderten von Langstreckenflügen (oder war das nur ich?), eine nicht vorhandene Work-Life-Balance, ein verzweifelter Assistent, der versuchte, noch ein weiteres Meeting in den übervollen Kalender zu quetschen. Wir waren stolz, am Ende einer 80-Stunden-Woche mit endlosen Sitzungen und permanentem Jetlag überhaupt noch am Leben zu sein. Das waren die Ehrenzeichen des Erfolgs für Generation X.

Ich erinnere mich noch genau an mein erstes Blackberry. Ich war so stolz! Dieses kleine Gerät begleitete mich Tag und Nacht. Hatte ich morgens 100 neue E-Mails, erzählte ich das sofort mindestens fünf Leuten. Denn das war für mich „Erfolg". Ich fühlte mich wichtig.

Ich erinnere mich auch, wie mein Vater, ein Babyboomer, seinen Rotary-Club-Freunden stolz erzählte, dass seine Tochter wieder in ihrem „Lieblingsrestaurant in Brasilien" gegessen habe. Das war teilweise wahr – es handelte sich um eine Fleischkette im Rodizio-Stil (brasilianisches Steakhouse) namens *Fogo de Chão*, wo ich immer hinging, wenn ich mein Team, Kollegen oder Freunde während meiner Reisen dazu überreden konnte. (Eigentlich ging ich hauptsächlich wegen des warmen Käsebrots dorthin, das aus Maniokmehl gebacken wurde – eine der wenigen Brotsorten, die ich trotz meiner Glutenintoleranz vertragen konnte.) Mein Vater war stolz, dass seine Tochter einen „Jetset-Lebensstil" hatte – morgens auf einem Kontinent aufwachen und abends auf einem anderen zu Abend essen.

Könnte man meinen Vater heute nach seiner Tochter fragen, wäre es ziemlich unwahrscheinlich, dass er – ganz babyboomer-typisch – sagen würde: „Meine Tochter hat die Konzernwelt verlassen und arbeitet jetzt an ihrer Selbstverwirklichung statt an ihrer Rente."

Erklärt man heute einer Bewerberin erklärt, dass ihr Job beinhalten wird, drei- bis viermal im Monat Langstreckenflüge zu machen, bekommt man die Antwort: „Sind Sie verrückt?"

Manchmal frage ich mich – und auch meine Kollegen aus der Babyboomer- und Gen-X-Generation –, ob wir überhaupt noch eine Rolle spielen.

9 Ganesh, Janan. A Millennials Hymn to Generation X. Financial Times ((ergänzt)) 25. Oktober 2019.

Wenn man meinem bereits zitierten Lieblingsbuch folgt, lautet die Antwort wahrscheinlich 42. Also bleiben wir gelassen und halten uns an unserem Handtuch fest – schließlich sind viele von uns noch immer Führungskräfte in wichtigen Branchen. Aber: Wir müssen etwas verändern. Wir müssen von einer Command-and-Control-Mentalität wegkommen, die 75 Prozent der Mitarbeitenden ablehnen, und zu einem Führungsstil hin, der sie stärkt und der auf Vertrauen und Sinn basiert.

Die neue Generation lässt sich nicht mit Titeln beeindrucken – sie reagiert auf Authentizität, und Kompetenz. Doch Vorsicht: Authentizität allein garantiert keinen Erfolg. Neueste Forschung zeigt, dass das Gefühl, authentisch zu sein, zwar das eigene Wohlbefinden steigert, aber nicht automatisch die Wahrnehmung anderer verbessert.[10] Strategisches „Impression Management" – also das bewusste Anpassen des eigenen Verhaltens an Situation und Team – ist oft wirksamer. Ungefilterte Emotionen, das Ausleben persönlicher Marotten oder ein Übermaß an Verletzlichkeit können schnell nach hinten losgehen. So wird aus offenem Mitgefühl taktlose Unbedachtheit, und statt ehrlich verletzlich zu wirken, wird man als unsicher oder egozentrisch wahrgenommen.

Wer die neue Generation also effektiv führen will, muss Authentizität dosiert einsetzen: Echtheit ja, aber immer mit Situationsbewusstsein und einem Gespür dafür, wie das eigene Verhalten beim Team ankommt. Moderne Führung bedeutet, die eigene Persönlichkeit bewusst einzusetzen, flexibel auf unterschiedliche Teams und Erwartungen zu reagieren – und gleichzeitig ein Umfeld zu schaffen, in dem Vertrauen, Sinn und Wirkung entstehen.

So können wir die Erfahrungen der Babyboomer und Gen X nutzen – ihre Disziplin, ihr Durchhaltevermögen, die langen Arbeitstage und Jetlag-geschulten Blackberry-Hände – und sie mit den Ansprüchen und Werten der furchtlosen neuen Generation verbinden. Nur wer diese Balance findet, führt erfolgreich über Generationen hinweg.

Maslow neu aufgelegt

Mit seiner Bedürfnispyramide[11] hat Maslow eine Motivationstheorie in der Psychologie mit fünf Ebenen menschlicher Bedürfnisse aufgestellt, meist als Pyramide dargestellt (Abbildung 1.1). Ganz unten stehen die physiologischen Bedürfnisse nach Luft, Nahrung, Wasser, Unterkunft, Schlaf, Kleidung und Fortpflanzung. Die nächste Ebene sind Sicherheit, Liebe, Zugehörigkeit und Wertschätzung. An der Spitze steht die Selbstverwirklichung, also das Ausschöpfen des eigenen Potenzials.

---

10 Chamorro-Premuzic, Tomas (2025): „When Authentic Leadership Backfires." Harvard Business Review, 7. Oktober 2025. https://hbr.org/2025/10/when-authentic-leadership-backfires

11 Maslow, A. H. (1943). A theory of human motivation. Psychological Review. 50, 370–396.

(Die Tochter eines Freundes erinnerte mich neulich daran, dass in der heutigen Version zwei Ebenen dazukommen müssten: WLAN und Akkulaufzeit.)

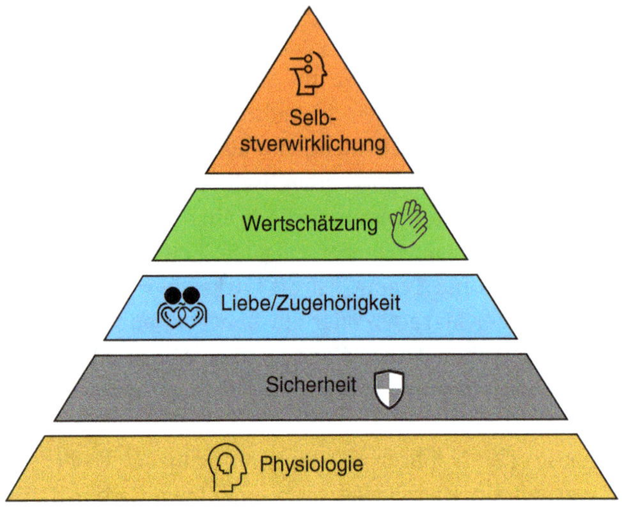

Abbildung 1.1: Maslows Bedürfnispyramide.

Heute sind die grundlegenden Bedürfnisse der Menschen, mit denen wir zusammenarbeiten erfüllt: Sie haben ein Zuhause, genug zu essen und Sicherheit. Das ist eine enorme gesellschaftliche Leistung – und die Basis für alles weitere Wünschenswerte: stabile Arbeitsbeziehungen, Zufriedenheit und Erfolg als Führungskraft.

Doch sobald diese Ebenen gesichert sind, verschiebt sich der Fokus. Wir suchen Sinn, Zugehörigkeit und Anerkennung – nicht mehr, um zu überleben, sondern um uns lebendig zu fühlen. Genau hier beginnt moderne Führung.

Die Arbeitswelt von heute verlangt mehr als Gehalt und Sicherheit: Sie verlangt nach „purpose", nach Sinn. Menschen wollen verstehen, warum sie tun, was sie tun – und wie ihr Beitrag zählt. Neben unbegrenzt verfügbarem WLAN und endloser Akkulaufzeit stellt sich also die eigentliche Frage: Sind wir in der Lage, Arbeitsräume zu schaffen, in denen Menschen Sinn erleben können? Bleiben wir optimistisch. Unser Gehirn kann uns dabei viel lehren – und in diesem Buch werden wir sehen, wie wir dieses Wissen als Führungskräfte nutzen können.

Doch die neuen Bedürfnisse bringen auch neue Risiken mit sich. Die ständige digitale Reizüberflutung fordert ihren Preis – besonders bei den jüngeren Generationen. Social Media ist das neue Junk-Food fürs Gehirn: schnell, süß, sofort – und danach bleibt Leere. Studien zeigen, dass permanente Feeds, Reels und Likes unsere

Aufmerksamkeit zersplittern und emotionale Erschöpfung fördern – ein kollektives „brain rot“, wie es 2024 zum Meme wurde.[12]

Für Führungspersonen heißt das: Wir müssen nicht nur über Selbstverwirklichung und Sinn sprechen, sondern auch über digitale Hygiene. Sie ist heute Teil von Führungskultur – genauso wie Schlaf, Bewegung oder Ernährung. Wer den „digitales Detox“ ernst nimmt, schützt nicht nur sein eigenes Gehirn, sondern auch das seiner Teams.

Angesichts dieser Entwicklungen reicht es nicht mehr, nur die klassischen Bedürfnisse, die in der Pyramide aufgeführt sind, zu erfüllen. Führung bedeutet heute, Räume zu schaffen, in denen mentale Gesundheit, digitale Kompetenz und echter Sinn zusammenkommen. Genau hier setzt die moderne Neurowissenschaft an: Sie zeigt, wie Vertrauen, Sinn und Wertschätzung zu den entscheidenden Bausteinen einer gesunden und zeitgemäßen Arbeitskultur werden.

Werfen wir einen kurzen Blick auf die Spitze der Maslowschen Pyramide: Wertschätzung und Selbstverwirklichung. Was bedeutete das für meinen Vater als Baby Boomer – und für mich als Angehörige der Generation X? Als ich Teenager war, hörte mein Vater, damals Geschäftsführer, einen meiner Vorträge über das mystische Wort „purpose“ – die Suche nach Sinn und wie man sich selbst wirklich findet. Seine Reaktion: „So ein Quatsch! Warum musst du dich selbst finden? Hast du dich irgendwo verloren?“ Damit war das Thema Selbstverwirklichung für ihn erledigt. Vergessen wir nicht, dass wir Gen-Xer uns ohnehin hauptsächlich für uns selbst interessierten – für unser Blackberry und vielleicht noch für die nächste Star-Wars-Episode. Doch was bedeuten Vertrauen und Sinnhaftigkeit für die Menschen, die wir führen – und für die Arbeitskräfte von morgen?

Maslows Modell erlebt eine Wiedergeburt und kann neu gedacht werden – angepasst an unsere veränderte Gesellschaft. „Maslow rebooted“ (Abbildung 1.2) bedeutet: Wenn die physiologischen Grundbedürfnisse erfüllt sind, sind zusätzlich Vertrauen und Sinn nötig.

Ich coachte einmal einen brillanten jungen Mann, der in Harvard parallel Medizin und Betriebswirtschaft studierte. Eric stand an einem Wendepunkt in seiner Karriere: Sollte er eine Laufbahn als Chirurg einschlagen – oder bei einer Unternehmensberatung arbeiten?

Er schilderte mir seine Überlegungen so: „Als ich im Krankenhaus gearbeitet habe, habe ich seit Ewigkeiten keine Nacht mehr richtig geschlafen. Ich fühlte mich völlig erschöpft. Das wirkte sich auch auf meine Ernährung und meine Bewegung aus. In der Beratung, wo ich im Sommer gearbeitet habe, konnte ich Ideen entwickeln, man ließ mich Dinge ausprobieren. Ich konnte flexibel und kreativ sein. Ich bin mir sicher, dass ich dort einen viel gesünderen Lebensstil organisieren kann – und dazu habe ich mehr Autonomie. Also werde ich das machen.“

Eine Karriere als Chirurg gilt als sicher und gut bezahlt. Chirurgen genießen zudem ein hohes gesellschaftliches Ansehen. Eine Karriere in der Beratung ist hingegen deutlich risikoreicher und bietet weniger

12 Yousef, A. M.F.; Alshamy, A.; Tlili, A.; Metwally, A.H.S. Demystifying the New Dilemma of Brain Rot in the Digital Era: A Review. *Brain Sci.* **2025**, *15*, 283. https://doi.org/10.3390/brainsci15030283

finanzielle Sicherheit und Arbeitsplatzstabilität. Doch mein Coachee entschied sich bewusst für eine bessere Work-Life-Balance und mehr Lebensqualität – anstelle von Stabilität, Geld und Status. Sein „Sinn", das, was ihm ein gutes Gefühl bezüglich seiner eigenen Person gab, war nicht in Dollar oder Prestige messbar.

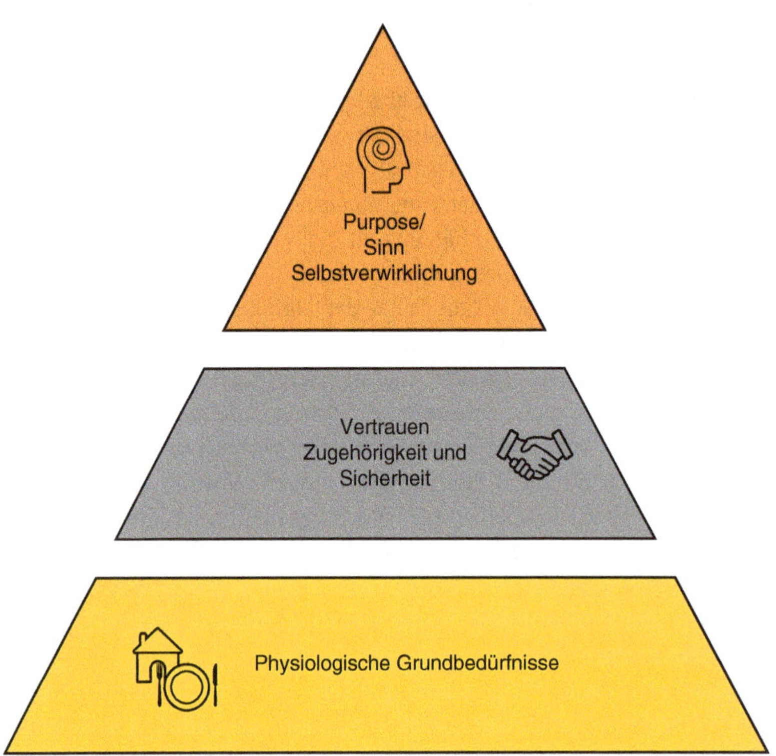

Abbildung 1.2: Maslow neu aufgelegt.

Die Motivatoren für unsere heutige Belegschaft müssen sich verändern. Denn die neuen Generationen haben andere Ziele: Gesundheit und Wohlbefinden, Autonomie und persönliche Entwicklung. Arbeitgeber müssen mit kreativen und individuell zugeschnittenen Anreizen arbeiten, um Talente anzuziehen und langfristig zu binden.

Werfen wir einen Blick auf Maslows Ebene der Sicherheit. Jeder Mensch möchte sich sicher fühlen – kreativ sein können, die eigene Meinung äußern dürfen, Vertrauen haben – Vertrauen darauf, dass die eigene Führungskraft einem den Rücken stärkt.

Für eine Führungskraft bedeutet Sicherheit die Fähigkeit, mit ihrer Führungsrolle spielen zu können und sie an die individuellen Bedürfnisse anzupassen. In den alten Führungssystemen, in denen wir oft noch arbeiten, ist dieser kreative Ansatz kaum möglich und wirkt riskant. Doch die Wahrheit ist: Großartiges wird möglich, wenn man neue Wege in der Führung ausprobiert. Man kann grenzenlose Loyalität und tiefes Vertrauen gewinnen sowie herausragende Ergebnisse erzielen.

Ein früher Geldgeber („Angel Investor") eines innovativen Start-ups erzählte mir, wie er einen CEO – – einen jungen, extrem analytischen „Quant"-Typen, also jemanden mit stark datengetriebenem, mathematischem Denken – – dafür einsetzte das Unternehmen aufzubauen, während er selbst Investoren suchte. Am Anfang waren sie nur zu zweit. Der Kandidat schien perfekt für die Rolle, doch es gab einen scheinbar unüberwindbaren Haken: Er wollte von einem Segelboot aus arbeiten, mit dem er zwischen Hawaii und Europa unterwegs war. Zunächst schien das unmöglich – es passte in kein bekanntes Arbeitsmodell. Zwei Jahre später hatten sie das Unternehmen erfolgreich gestartet, die erste frühe Finanzierungsrunde („Seed"-Phase – das Startkapital zum Loslegen) abgeschlossen, und bereits Investoren für die nächste Wachstumsrunde („Serie A" – Kapital für die Skalierung) an Bord.

Maslow hatte völlig recht. Bevor du von Selbstverwirklichung träumen kannst, musst du dich sicher fühlen und Vertrauen fassen können. Vertrauen muss in beide Richtungen gehen. Genau das scheint in unserer Geschäftswelt ein großes Hindernis zu sein. Keith Ferrazzi, Autor von *Who's Got Your Back*, schreibt: „Menschen sehnen sich nach Transparenz, Offenheit und Ehrlichkeit – auch von ihren Führungskräften. Leider haben Führungskräfte nach wie vor mit massiven Vertrauensproblemen zu kämpfen."[13]

Laut einer Umfrage der American Psychological Association sagt einer von vier Arbeitnehmenden, dass er dem Arbeitgeber nicht vertraut – und nur etwa die Hälfte glaubt, dass ihr Arbeitgeber offen und ehrlich mit ihnen umgeht.[14]

Die Grundlage des Vertrauens

Das Fundament von Vertrauen sind Sicherheit, Zugehörigkeit und Sinn. Aber Vertrauen ist instabil. Menschen vertrauen nicht einmal mehr den Institutionen, auf die wir uns eigentlich stützen[15] – Vertrauen in Religion, Regierungen und die Presse ist gering. Doch gerade diese Institutionen sind es, die uns zusammenhalten, uns Orientierung geben und uns führen. Vertrauen ist so entscheidend, dass die OECD mit *Trustlab*,[16] eine innovative Initiative ins Leben gerufen hat, um bestehende Erhebun-

13 Ferrazzi, K. 7 Ways to Improve Employee Development Programs. Harvard Business Review, 31. Juli 2015.

14 American Psychological Association. (2024). *Work in America Survey: Psychological Safety in the Changing Workplace.* https://www.apa.org/pubs/reports/work-in-america/2024

15 The Atlantic. How Americans Lost Trust in Our Greatest Institutions.https://www.theatlantic.com/politics/archive/2012/04/how-americans-lost-trust-in-our-greatest-institutions/256163/

16 OECD Trustlab.https://www.oecd.org/sdd/trustlab.htm

gen zum Thema Vertrauen zu verbessern und präziser zu verstehen, was Vertrauen überhaupt antreibt – ein Konzept, von dem nach wie vor nur wenig Verständnis haben.

Führungskräfte fühlen sich häufig selbst unsicher oder nicht fähig genug, ihre Teams mit Selbstvertrauen zu leiten. Dieses fehlende Vertrauen in die eigene Kompetenz überträgt sich unmittelbar auf die Teamkultur. Viele Teams erleben dadurch weder Sicherheit noch Zugehörigkeit oder das Gefühl von Bedeutung – eine echte Vertrauenskultur kann so nicht entstehen. Was passiert, wenn eine Kultur stattdessen von Angst, Stress und Verwirrung geprägt ist?

In meiner Arbeit als Coach und Mentorin basieren rund 80 Prozent aller Probleme, über die wir sprechen, auf mangelndem Vertrauen: mangelndes Vertrauen als Führungskraft gegenüber den eigenen Mitarbeitenden, fehlendes Vertrauen gegenüber dem eigenen Chef, Misstrauen im Team, in der Familie – und nicht zuletzt: zu sich selbst.

Wie können wir zu den vertrauenswürdigen Führungskräften werden, die unsere Teams brauchen? Schauen wir uns zunächst an, warum Vertrauen so entscheidend ist.

Abbildung 1.3: Lencioni Pyramide.
Quelle: Lencioni, Patrick. (2002). The Five Dysfunctions of a Team: A Leadership Fable. Jossey-Bass.

Wenn ich mit einer neuen Führungskraft arbeite, beginne ich das Gespräch über Teamkultur meist am unteren Ende von Patrick Lencionis Pyramide hoch funktionaler Teams (Abbildung 1.3) – bei Vertrauen. Lencioni zeigt in *The Five Dysfunctions of a*

Team[17], einem herausragenden Buch über Teamentwicklung, dass die erste und wichtigste Störung in einem Team mangelndes Vertrauen ist. Vertrauen steht im Zentrum jeder Beziehung – und das gilt ebenso in der Geschäftswelt.

Wie viele andere Autoren und Führungspersönlichkeiten betont auch Lencioni: Vertrauen ist das Fundament, um starke Teams aufbauen zu können. Im Führungskontext bedeutet das, dass Mitarbeitende davon ausgehen können, fair behandelt zu werden – und dass sie sich deshalb auch öffnen können. Wo man einander vertraut, können Teams gemeinsam neue Ziele anpacken, komplexe oder schwierige Gespräche ohne Angst führen und Herausforderungen zusammen meistern.

In seinem Buch *The Speed of Trust* beschreibt Stephen Covey die Bedeutung von Führungskräften, die nicht nur Vertrauen verdienen, sondern es aktiv inspirieren.[18] Transparenz ist entscheidend für alle, die das Vertrauen ihrer Mitarbeitenden gewinnen wollen. Vertrauen bedeutet allerdings auch, jede Meinung, jede persönliche Herangehensweise und jeden Beitrag respektvoll und ohne vorschnelles Urteil anzunehmen. Mit Vertrauen zu führen ist entscheidend, um Motivation zu fördern und die Leistung im Unternehmen nachhaltig zu steigern.

Später in diesem Buch werden wir uns anschauen, wie wir mit neurowissenschaftlichen Erkenntnissen Vertrauen verstehen und aktiv gestalten können.

Purpose – mehr als ein Modewort

„Purpose“ – also der persönliche Sinn oder das übergeordnete „Warum“ hinter der eigenen Arbeit wird für Führungskräfte und ihre Teams, die aus verschiedenen Generationen bestehen, immer wichtiger – denn Purpose sieht für jeden anders aus. Führungskräfte vergessen oft, ihren Mitarbeitenden die wichtigste Frage zu stellen: „Was willst du?“ Diese Frage – *Was willst du?* – ist fundamental, bevor man Teams in Projekte einbindet. Begibt man sich auf eine lange Reise, muss man ganz genau wissen, wohin man will.

Als Ärztin, die fast ein Vierteljahrhundert in Forschung und Entwicklung gearbeitet hat, habe ich viele pharmazeutische Entwicklungen scheitern sehen, obwohl die Wirkstoffkandidaten hochgradig vielversprechend waren. Oft lag das nicht an einem Fehler im Wirkmechanismus oder an Sicherheitsproblemen. Einige dieser Medikamente hätten sehr erfolgreich sein können. Der Fehler war, dass die Frage „Was wollen wir am Ende wirklich erreichen?“ vor Studienbeginn nicht explizit gestellt wurde.

---

17 Lencioni, Patrick. (2002). *The Five Dysfunctions of a Team: A Leadership Fable.*Jossey-Bass.

18 Covey, Stephen M. R. (2006). *The Speed of Trust: The One Thing That Changes Everything.* Free Press.

Ein Manager in einem Pharmaunternehmen erzählte mir von einem Antibiotikum für Kinder, an dessen Entwicklung er beteiligt war. Alle arbeiteten isoliert in ihren Silos, ohne wirkliche Kommunikation zwischen den Abteilungen. Erst kurz vor dem Launch kam jemand auf die Idee, das neue Produkt zu probieren. Das Ergebnis: grauenhaft, völlig ungenießbar. Es war unmöglich, dieses Medikament auf den Markt zu bringen, weil Kinder es nie schlucken würden.

Was war schiefgelaufen? Die falschen Fragen wurden gestellt. Diese lauteten wahrscheinlich: „Wie entwickeln wir ein effizientes Medikament gegen bakterielle Infektion X?" Eine zielführende Frage hätte gelautet: „Wie stellen wir ein Medikament her, das Kinder gerne einnehmen, damit sie gesund werden?" Am Ende geht es darum, Kohärenz und Zusammenarbeit im Team herzustellen – ausgerichtet auf einen gemeinsamen Purpose. Ohne ihn wird Innovation im Keim erstickt.

Das erste Unternehmen, für das ich gearbeitet habe, entwickelte ein Medikament gegen Influenza. Es war ein großartiges Präparat zum Inhalieren, das sehr schnell wirkte, Viren zerstörte und deren Vermehrung verhinderte. Unser Wettbewerber hatte hingegen eine Tablette – leichter einzunehmen, dafür langsamer in der Wirkung.

Doch wer bekommt Influenza? Ältere Menschen und Kinder. Unser großartiges, aber kompliziertes Inhalationsgerät erforderte, eine Verpackung zu öffnen, ein Plättchen in eine Vertiefung des Gerätes einzulegen, einen kleinen Mechanismus zu betätigten, um an den Wirkstoff zu gelangen. Das Ganze musste mit einer speziellen, ziemlich komplexen Inhalationstechnik kombiniert werden. Kurzum: Niemand konnte das Medikament ohne externe Hilfe korrekt anwenden. Der Wettbewerber hatte eine einfache Tablette – und damit den Erfolg.

Es spielt also keine Rolle, ob man die beste Idee oder das vielversprechendste Produkt hat – entscheidend ist, einen Zweck zu schaffen, hinter dem alle stehen. Man braucht die kollektive Intelligenz von Menschen, die an einem gemeinsamen Ziel arbeiten, ihre Kreativität einbringen und sich sicher genug fühlen, ihre Meinung zu äußern. Nur so erreicht man das beste Ergebnis.

Auch im Coaching beginne ich mit neuen Klienten meist mit genau dieser Frage: „Was wollen Sie?" Oder noch besser: „Was wollen Sie *wirklich*?" – „Was ist Ihr größter Traum?" Diese Fragen gehen über ein konkretes Ziel hinaus. Sie führen zum zugrunde liegenden Purpose – und genau dieses Ziel aktiviert unser Gehirn für den nächsten Schritt. Die Sinnhaftigkeit eines Vorhabens im Gehirn zu verankern ist genauso wichtig wie das Ziel selbst, denn sie bereitet den Weg dorthin vor. Die stimmige Antwort auf das eigene „Warum" setzt die neurochemische Kaskade frei, die Motivation und Begeisterung auslöst.

Laut dem PwC-Bericht „Millennials at work – Reshaping the workplace in financial services in Asia" gewinnen die gesellschaftlichen Werte eines Unternehmens für Millennials bei der Wahl eines Arbeitgebers erst dann an Bedeutung, wenn ihre Grundbedürfnisse, wie eine angemessene Bezahlung und Arbeitsbedingungen, erfüllt sind. Der Beitrag bestätigt zudem, dass Millennials „möchten, dass ihre Arbeit einen Sinn hat, global einen sinnvollen Beitrag leistet und sie stolz auf ihren Arbeitgeber sein möchten".[19]

Heutzutage erwarten die meisten Mitarbeitenden von Führungskräften nicht nur, dass sie ihren eigenen Sinn und ihr eigenes Ziel gefunden haben, sondern auch, dass sie dem Unternehmen eine echte, starke Mission geben. Die Ziele, die du setzt, müssen auch für deine Mitarbeitenden sinnvoll sein – aber darüber hinaus für die Gesellschaft. Nur so werden die neuen Kollegen sich einem Zweck anschließen, den sie voll und ganz mittragen können.Wir dürfen nicht davon ausgehen, dass alle Menschen denselben Dingen Sinn abgewinnen können und Purpose auf die gleiche Weise verstehen. Führungskräfte schaffen eine Basis für Vertrauen, indem sie für Sicherheit und Zugehörigkeit sorgen. Meist bieten sie ihren Mitarbeitenden auch handfeste Vorteile wie Geld, was für viele Boomer und Gen-Xer ausreicht. Die neuen Generationen hingegen arbeiten nicht für Geld oder Jobsicherheit. Sie arbeiten aus Interesse, für Anerkennung, Aufregung und aus Neugier. Sie wollen für ein bis zwei Jahre etwas Spannendes machen. Wenn man die jüngeren Generationen langfristig für sich gewinnen will, reicht Geld also nicht aus. Man muss ihnen das bieten, wonach sie wirklich suchen: Sinn. Purpose ist die Grundvoraussetzung, um an die Spitze der neu gedachten Maslow-Pyramide zu gelangen – und damit bereit zu sein für Selbstverwirklichung.

Eine weltweite Umfrage unter Führungskräften ergab, dass zwar die meisten von ihnen überzeugt sind, dass Sinn wichtig ist, aber nur eine Minderheit angab, dass ihr Unternehmen tatsächlich sinngetrieben arbeitet.[20] Den Zweck, die Bedürfnisse und die Realität des eigenen Teams oder der Kunden zu kennen, ist von entscheidender Bedeutung. Fehlt dieses Verständnis, kann vieles gründlich schiefgehen: von gut gemeinten, aber wirkungslosen Programmen über Demotivation im Team bis hin zum Verlust der besten Talente.

Wenn wir mit den kommenden Generationen sprechen, die es vorziehen, von einem Boot aus zu arbeiten, sind viele von uns nicht nur erstaunt, sondern schlicht überfordert im Umgang mit diesen seltsamen Menschen. Die große Herausforderung wird darin bestehen, die Bedürfnisse von Individuen zu erfüllen, die den monatlichen Gehaltsscheck gegen ortsunabhängiges Arbeiten eintauschen, auf acht Stunden Schlaf pro Nacht bestehen und einen Tag pro Woche für eigene Projekte beanspruchen. Der magische Kick, nach dem sie suchen, ist nicht länger die goldene Miles-and-More-Karte – ein Symbol himmelwärts gerichteter Sklaverei –, sondern die Fähigkeit, das retikuläre Aktivierungssystem (RAS) ihres Gehirns zu nutzen, um Ziele zu visualisie-

19 PwC. (2025). *Millennials at Work – Reshaping the Workplace in Financial Services in Asia.* https://www.pwc.com/gx/en/financial-services/publications/assets/pwc-millennials-at-work-in-asia.pdf
20 Deloitte. (2022). *Mind the purpose gap.* Deloitte Insights. https://www.deloitte.com/us/en/insights/topics/business-strategy-growth/mind-the-purpose-gap.html

ren und zu erreichen. (Das RAS kann tatsächlich Erstaunliches in unserem Gehirn bewirken vgl. Seite 118.)

Der Respekt vor einem guten Leben und die Erkenntnis, dass die Gesundheit und Werte für unsere Existenz entscheidend sind, rücken wieder in den Vordergrund. Das dialektische Führungsmodell, das im Industriezeitalter entstand, berücksichtigt nicht, wie wir unser Gehirn, unsere Einstellungen, Emotionen und unsere Führung so abstimmen können, dass sie bei jedem Einzelnen Resonanz finden.

Paradigmenwechsel: Führung ist Biologie – nicht Soziologie

> „In der Neurowissenschaft gibt es eine alte Regel, die sich mit dem Alter nicht verändert: Wer rastet, der rostet.
> Es ist ein sehr hoffnungsvolles Prinzip, wenn es auf das kritische Denken im lesenden Gehirn angewandt wird, weil es die Freiheit der Wahl impliziert." Maryanne Wolf[21]

Im Wohnzimmer seines Hauses in Atlanta hat der Neurowissenschaftler und Autor von *What It's Like to Be a Dog*, Gregory Berns einen MRT-Scanner aufgebaut.[22] Er brachte eine aus dem Tierheim gerettete Hündin namens Callie dazu, freiwillig in den Scanner zu gehen. Damit war sie der erste Hund, dessen Gehirn im wachen Zustand und ohne jede Fixierung gescannt wurde. Warum das Ganze? Um herauszufinden, was Hunde denken und fühlen.

Für mich, Besitzerin von Milly, einem zutraulichen und leicht durchgeknallten Cockapoo, war das keine Überraschung: Tiere haben Gefühle, die unseren sehr ähnlich sind. Tatsächlich lieben unsere Hunde uns – und das lässt sich sogar wissenschaftlich messen. Wir wissen genau, wo bei ihnen die Belohnungszentren im Gehirn sitzen – die Orte, an denen positive Emotionen entstehen. Sie werden aktiviert und „leuchten" im MRT-Scan auf, wenn wir belohnt werden. Leckerlis und Futter bringen diese Zentren genauso zum Strahlen wie bei uns Kuscheln, Küsse und Lob.

Die Neurowissenschaften eröffnen uns damit eine verblüffende Möglichkeit: Wir können Emotionen messen. Wenn wir Gefühle messen können – könnten wir dann auch Vertrauen und Sinn erfassen? Könnten wir die chaotische Welt der Führung endlich messbar machen?

Führung war schon immer ein verwirrendes Thema – sonst gäbe es nicht unzählige Bücher, die versuchen, das Rätsel guter Führung zu lösen und zu zeigen, wie man ein inspirierender, charismatischer und erfolgreicher Leader wird.

Vor einigen Monaten fragte mich ein ehemaliger Kollege, der sich gerade „neu erfindet", mich nach Büchern, die ich ihm zum Thema Führung empfehlen könnte.

---

21 Maryanne Wolf, Proust and the Squid: The Story and Science of the Reading Brain (2007).

22 Berns, Gregory. What It's Like to Be a Dog: And Other Adventures in Animal Neuroscience. New York: Basic Books, 2017. ISBN 9780465096244

Ich tat mich schwer, etwas vorzuschlagen. Fast alle aktuellen Titel hatte ich nach den ersten Kapiteln wieder weggelegt – sie befassten sich ausschließlich mit individuellen Fertigkeiten oder es handelte sich um reine Nachschlagewerke. Entweder waren sie langweilig und repetitiv, oder ich fühlte mich schlichtweg nicht intelligent genug, um sie zu verstehen.

Am selben Tag las ich einen Artikel, demzufolge Führungskräfte zukünftig die Entscheidungskompetenzen ihrer drei Gehirne – Kopf, Herz und Bauch – berücksichtigen sollten. Ich war verwirrt. All die Tools, die ich während meiner Karriere genutzt und und psychometrischen Tests, die meine Teams durchlaufen hatten, drehten sich um Fähigkeiten und Fertigkeiten. Sie hatten nichts mit dem Gehirn zu tun – geschweige denn mit dreien!

Einem anderen Kollegen hatte ich gerade geraten, sich Zeit zu nehmen und „auf seinen Bauch zu hören", als er zwischen mehreren Jobangeboten wählen musste. Zwei Tage später erklärte mir mein Partner – ebenfalls eine erfahrene Führungskraft –, dass Daniel Kahneman, der israelisch-amerikanische Psychologe und Nobelpreisträger, in seinem Buch[23] ausdrücklich davor warnt, dem Bauchgefühl zu vertrauen!

Als wäre das nicht genug, hatte ich kurz zuvor auf LinkedIn einen Artikel geteilt, der die jüngste Mikrobiom-Forschung beschreibt: Winzige Partikel unserer Darmbakterien steuern die Ausschüttung von Neurochemikalien und senden sie direkt ins Gehirn. Diese Stoffe können uns glücklich, traurig oder depressiv machen sowie uns einen Energieschub geben – und sie beeinflussen sogar unsere Entscheidungsfähigkeit.

Wenn wir uns also in Führungsfragen bereits auf unser Bauchgefühl verlassen – wie sehr nutzen wir dann eigentlich die wissenschaftlichen Erkenntnisse über unser erstes Gehirn im Kopf? Oder über unser Herz, das angeblich wie ein kleines, zweites Gehirn funktioniert?

Es lohnt sich, Führung aus einer biologischen Warte aus zu betrachten und die Beobachtungen dafür zu nutzen, die Möglichkeiten, die uns unsere Anatomie bietet auszuschöpfen – statt ausschließlich auf Psychologie und Soziologie zu setzen.

Verhaltenstests und die Sozialwissenschaften insgesamt verändern sich, sobald wir menschliche Gefühle und Verhalten sichtbar machen können. Neue Technologien liefern andere Einsichten, weil wir plötzlich das große Ganze sehen. Wenn wir die Verbindung zwischen Verhalten und Gehirnaktivität sichtbar machen, verstehen wir die Folgen guter oder schlechter Führung[24] – und in einem MRT-Scan wir können buchstäblich sehen, warum Mitarbeitende motiviert sind, Angst empfinden, Dinge aufschieben oder aufblühen[25].

---

23 Kahneman, Daniel. (20161). *Thinking, Fast and Slow*. Farrar, Straus and Giroux.*Schnelles Denken, langsames Denken, Penguin. ((Aktualisiert))*

24 Boyatzis, R. Neuroscience And Leadership The Promise Of Insights. Ivy Business Journal, Jan–Feb 2011.

25 Arvey, Richard; Wang, Nan; Song, Zhaoli; Li, Wendong. The biology of leadership. ((Hier fehlt noch das Erscheinungsjahr und der Verlag bzw die URL))

Führungskräfte profitieren nicht nur davon, eine oft esoterisch und kompliziert wirkende Wissenschaft – die Neurowissenschaft –zu entmystifizieren, sondern auch davon zu lernen, wie sie ihr eigenes Gehirn einsetzen können, um besser zu führen.

Dank technischer Möglichkeiten können wir das Gehirn besser verstehen – und damit wird die Biologie wichtiger als die Soziologie. Die Idee ist nicht neu. Wir müssen uns nicht mehr allein auf Selbstauskünfte aus Persönlichkeitstests oder auf deduktive Methoden verlassen, um Effizienz zu messen – das ist nur ein Teil des Puzzles. Ergänzend zu Persönlichkeitstests können wir mittlerweile auch die „weichen Faktoren", Emotionen wie Vertrauen und Motivation, erkennen und präzise erfassen.

Ein Paradigmenwechsel zeigt uns, warum Führung vor allem eine biologische Wissenschaft ist. Moderne fMRT-Studien machen sichtbar, wie emotionale Verbindung und Vertrauen in Teams dafür sorgen, dass sich unsere Gehirne miteinander synchronisieren.[26] Dieses „zusammen Tanzen" („inter-brain coherence") der Gehirnwellen zeigt uns, wie gute Führung auf biologischer Ebene funktioniert – und macht sie endlich messbar.

Behandeln wir unsere Leute gut, aktiviert das in ihrem Gehirn Gefühle von Zuneigung, Liebe und Vertrauen. Bei Hunden lässt sich das messen – aber können wir dasselbe auch in unseren Teams aus Boomern, Gen-Xern und Millennials beobachten? Genau das sollte unser Ziel sein. Warum? Weil – wie wir bereits gesehen haben – genau darin die Chance liegt, Menschen für uns zu gewinnen. Sie werden es mit Loyalität vergelten. Sie werden buchstäblich ihr Bestes geben – und sie werden es gern tun, aus eigenem Antrieb, weil sie alle notwendigen Motivatoren bereits in sich tragen.

26 Crivelli, D., & Balconi, M. (2023). Shared emotions, interpersonal syntonization, and group decision-making: A neuropsychological perspective. *Frontiers in Neuroscience, 17*, Artikelnummer 1251855. https://doi.org/10.3389/fnins.2023.1251855

Kapitel 2
Neurowissenschaft – ein Fenster ins Gehirn

> „Neurowissenschaft ist eine junge Wissenschaft, erst knapp ein Jahrhundert alt, und unser wissenschaftliches Verständnis vom Gehirn ist bei weitem nicht da, wo wir es gerne hätten. Wir wissen mehr über die Monde des Jupiter als darüber, was in unseren Schädeln vorgeht." Matt Haig, Autor[27]

In den 1990er-Jahren war ich eine typische Medizinstudentin: Ich arbeitete hart, lernte stundenlang und feierte bis spät in die Nacht. Damals machte ich mir große Sorgen, denn ich hatte gelesen, dass bei übermäßigem Alkoholkonsum Tausende von Gehirnzellen absterben. Natürlich hielt mich das damals nicht vom Feiern ab – ich hoffte einfach, dass genug Gehirnzellen übrig bleiben würden, um die Prüfungen zu bestehen.

Bis 1998 war man sich sicher: Das Gehirn ist statisch. Man wird mit einer bestimmten Anzahl an Neuronen geboren, und man sollte sie gut behandeln, – denn mehr gibt es nicht. Glücklicherweise haben zwei wissenschaftliche Entdeckungen mich und alle, die jemals zu tief ins Glas geschaut haben, beruhigt. Erstens: Gehirnzellen sterben durch Alkohol nicht ab, sie werden nur langsamer und ein wenig verwirrt. Zweitens: Neuronen können sich durch Neuroplastizität erneuern.

In den letzten Jahrzehnten hat die Neurowissenschaft drei entscheidende Entdeckungen gemacht, die Managern helfen können, bessere Führung im Gehirn beginnen zu lassen. Schauen wir uns an, wie wir diese neuen Erkenntnisse für uns nutzen können.

Gehirn in Bewegung: Plastizität verstehen

> „Alles, was wir tun, jeder Gedanke, den wir je hatten, wird vom menschlichen Gehirn erzeugt. Aber wie das genau funktioniert, bleibt eines der größten ungelösten Rätsel. Und je mehr wir versuchen, diesen Geheimnissen auf den Grund zu gehen, desto mehr Überraschungen finden wir." Neil deGrasse Tyson[28]

Die kognitive Neurowissenschaft erforscht die wissenschaftlichen Grundlagen unseres Gehirns – und des Geistes, der darin wohnt. Alles, was im Gehirn geschieht, drückt sich in unserem Körper aus: in Gedanken, Gefühlen, Handlungen, Beziehungen, in dem, was wir lernen. Das Gehirn steuert Herzschlag, Atmung, Schlaf, sexuelle Energie und Appetit.

---

27 Matt Haig, contribution to an article on Edge.org in 2012.
28 Tyson, TV-Serie Cosmos: A Spacetime Odyssey, 2014.

https://doi.org/10.1515/9783112234099-003

Neue bildgebende Verfahren wie die funktionelle Magnetresonanztomografie (fMRT) machen unser Denken sichtbar: Sie erzeugen eine Art „Wärmekarte" des Gehirns, auf der sich die Zustände unseres Geistes abbilden lassen. So können wir nachvollziehen, wo sie entstehen – und lernen, wie wir sie beeinflussen und regulieren können. Genau deshalb weiß ich übrigens auch, dass Milly, mein Cockapoo, mich liebt: auf ihrem fMRT werden die Bindungszentren im Gehirn aktiviert, wenn sie gelobt oder gestreichelt wird- oder einfach nur beim Anblick ihrer Lieblingsmenschen.

Emotionen, Gedanken und Verhalten lassen sich mit diesen Methoden sichtbar machen und deuten. Wir wissen heute: Emotionen entstehen im Zusammenspiel zwischen präfrontalem Cortex (zuständig für Logik und Entscheidungen) und limbischem System (dem „älteren" Teil des Gehirns, wo Erinnerungen und Gefühle sitzen). In späteren Kapiteln werden wir sehen, wie sich dieses Wissen nutzen lässt, um ein „besseres Gehirn" zu entwickeln – und Menschen in unserem Umfeld positiv zu beeinflussen.[29]

Forschungen beschäftigen sich sogar schon mit der Idee eines „Neurons auf dem Chip"[30] – einer Zukunftstechnologie, die eines Tages Krankheiten wie Herzinsuffizienz, Alzheimer oder andere neurodegenerative Erkrankungen heilen könnte. Ebenso spannend sind die Ansätze, wie sich Gehirnfunktionen regenerieren und erneuern lassen. Fortschritte in der Neuroimaging-Technik erlauben zudem, genetische Verbindungen zu exekutiven Funktionen zu untersuchen[31] – jenen Fähigkeiten also, die, wie wir noch sehen werden, für wirksame Führung entscheidend sind.

Leider werden selbst ganz grundlegende, leicht nachvollziehbare Erkenntnisse der Neurowissenschaft oft in Fachsprache verpackt – und dann mit Schlagworten wie *Neuroplastizität, Epigenetik* oder gar *Brain Hacking* verbunden. In diesem Kapitel möchte ich die Neurowissenschaft entmystifizieren, mit ein paar Märchen aufräumen – und herausarbeiten, wo sich die spannendsten Verbindungen zwischen Gehirnforschung und Führung auftun.

Unser Gehirn – eine ewige Baustelle

> „Ich bin der Meinung, dass das Gehirn eines Menschen ursprünglich wie ein kleiner leerer Dachboden ist, den man mit Möbeln seiner Wahl ausstatten muss." – Arthur Conan Doyle

---

29 Ozawa, S., Ueda, K. et al. (2014). Negative emotion modulates prefrontal cortex activity during a working memory task. *Frontiers in Human Neuroscience*, 8:46.
https://www.frontiersin.org/articles/10.3389/fnhum.2014.00046/full

30 Abu-Hassan, Kamal, Taylor, Joseph D., Morris, Paul G., Donati, Elisa, Bortolotto, Zuner A., Indiveri, Giacomo, Paton, Julian F.R., Nogaret, Alain. (2019). Optimal solid state neurons. *Nature Communications*, 10(1), 5309. DOI: 10.1038/s41467-019-13177-3

31 Greene, CM; Braet, W; Johnson, KA; Bellgrove, MA. Imaging the genetics of executive function. Biol Psychol. 79(1):30–42, 2007.

Neuroplastizität[32] ist der allgemeine Sammelbegriff für die Fähigkeit des Gehirns, seine Struktur und Funktion im Laufe des Lebens und als Reaktion auf Erfahrungen zu verändern, anzupassen und neu zu organisieren.

Neuroplastizität bezeichnet Veränderungen in neuronalen Bahnen und Synapsen, die durch Erlebnisse und Verhalten, durch Umwelteinflüsse sowie durch Verletzungen oder Traumata des Körpers entstehen. Sie findet auf verschiedenen Ebenen statt – von winzigen zellulären Veränderungen bis hin zu großflächigen Umstrukturierungen der Hirnareale nach einer Verletzung.[33]

Wichtige Mechanismen der Neuroplastizität

- Sensibilisierung bestehender Synapsen
- Aufbau neuer Synapsen zwischen Neuronen
- Veränderung der Genexpression in Nervenzellen
- Neubildung und Integration von Neuronen
- Veränderte Aktivität in bestimmten Hirnregionen
- Veränderte Konnektivität zwischen Regionen
- Veränderungen in der Neurochemie (z. B. Dopamin)
- Veränderungen neurotropher Faktoren
- Modulation durch Stresshormone, Zytokine
- Einfluss von Tiefschlaf (slow-Wave) und REM-Schlaf
- Informationsübertragung vom Hippocampus (zuständig für Lernen und Gedächtnis) zum Cortex (höhere Hirnfunktionen).

Als Führungskraft sollten wir wissen: In dem Moment, in dem wir den nächsten unglücklichen Mitarbeiter für ein Feedback-Gespräch in dein Büro bitten, erlebt sein Körper und Geist dieselbe Reaktion, als hättest du ihm eine Schlange vor die Nase gesetzt. Er wird eine sehr reale Stress- und Angstreaktion erleben.

Doch nicht nur solche Situationen verändern unser Gehirn. Jede Serie, die wir schauen, jedes Buch, das wir lesen, jedes Gespräch am Morgen, ja sogar wenn wir einen Podcast hören – all das verändert unser Gehirn. Es ist ständig in Bewegung, Tag für Tag. Dieses Phänomen nennt man Neuroplastizität. Und sie zeigt sich auf drei Arten:

1. **Neue Neuronen bilden:** In bestimmten Regionen des Gehirns können tatsächlich neue Nervenzellen entstehen. Diese Entdeckung war ein gewaltiger Paradigmenwechsel. Zum Beispiel im Gedächtniszentrum oder in Bereichen, die mit Lernen verbunden sind, entstehen immer wieder neue Zellen – Neuronen. Zum Glück auch im Erwachsenenalter.[34] (Ich hoffe ja, dass ein paar alte meine alkoholgeschädigten Studientage überlebt haben!)

---

32 Doidge, Norman. The Brain That Changes Itself. Viking, 2007. ISBN 978-0-670-03830-5.

33 Voss, P., et al. Dynamic Brains and the Changing Rules of Neuroplasticity: Implications for Learning and Recovery. Front Psychol. 2017;8:1657.

34 Fuchs, E.; Flügge, G. Adult Neuroplasticity: More Than 40 Years of Research. Neural Plasticity. 2014. Article ID 541870. doi:10.1155/2014/541870

2. **Mehr Verbindungen schaffen:** Ein berühmtes Beispiel sind die Londoner Taxifahrer. Man fand dass beiei ihnen ein bestimmter Bereich des Gehirns – der bereits erwähnte Hippocampus – deutlich stärker ausgeprägt war als bei anderen Menschen.[35] Kein Wunder: Sie mussten die gesamte Karte Londons im Kopf haben. Ihr Gehirn reagierte darauf, indem es unzählige neue, miteinander verschaltete Verbindungen schafft. Natürlich war das vor Erfindung von Google Maps. Heute könnte man sich fragen, ob ihr Hippocampus ohne Smartphone-Einsatz immer noch so beeindruckend trainiert ist.
3. **Bestehende Wege verstärken:** Wir alle wissen, wie schwer es ist, schlechte Gewohnheiten abzulegen. Der Grund: Diese Routinen haben bereits über längere Zeit neuronale Pfade angelegt – regelrechte Hochgeschwindigkeitsautobahnen, die sich nur schwer wieder abreißen oder umbauen lassen.

Seit 2020 haben Wissenschaftlerinnen und Wissenschaftler die Plastizität des erwachsenen Gehirns noch umfassender belegen können. Mithilfe von ultrahochauflösenden, funktionellen Magnetresonanzverfahren kann man heute nachvollziehen, wie sich unsere Nervenzell-Netzwerke durch Stress, Schlafmangel oder Training verändern. Besonders spannend: Positive soziale Kontakte und Coachinggespräche aktivieren die gleichen Netzwerke wie motorisches Lernen.[36] Das weist darauf hin, dass auch zwischenmenschliche Führungsbeziehungen das Gehirn tatsächlich verändern kann.

Beeindruckend sind dabei die Zeiträume, in denen diese Veränderungen ablaufen können: Neuere Studien zeigen, dass sich die Mikroplastizität – also winzige Veränderungen in der Verknüpfung der Nervenzellen – bereits nach wenigen Stunden mentaler Übung nachweisen lässt. Selbst eine tägliche zehnminütige Achtsamkeitsübung kann die Aktivität im präfrontalen Cortex (der CEO unseres Gehirns) stärken und die Reaktion der Amygdala abschwächen.[37] Dies ist die neuronale Grundlage für mehr Gelassenheit in der Führung. Die Vorstellung, dass sich „Führung antrainieren" lässt, ist also biologisch real.

Wenn wir wollen, dass Menschen arbeiten, sich entwickeln, kreativ werden, erfordert das Energie und Anstrengung. Dazu ist Neuroplastizität[38] nötig sowie Anreize und Motivation, um neue Netzwerke zu schaffen und zu festigen. Genau darum geht es, wenn ich behaupte, wir können unser Gehirn fördern.

---

35 Maguire, E. A., Woollett, K., & Spiers, H. J. (2006). London taxi drivers and bus drivers: A structural MRI and neuropsychological analysis. Hippocampus, 16(12), 1091–1101. https://pubmed.ncbi.nlm.nih.gov/17024677/.

36 Zatorre, R. J., & Fields, R. D. (2021). *The plastic human brain: Neuroimaging insights into learning and adaptation.Nature Reviews Neuroscience, 22*(7), 439–452.

37 Creswell, J. D., & Lindsay, E. K. (2022). *Mechanisms of mindfulness training and stress resilience: A neurocognitive perspective. Trends in Cognitive Sciences, 26*(3), 243–257.

38 Stahnisch, F.W.; Nitsch, R. Santiago Ramón y Cajal's concept of neuronal plasticity. Trends Neurosci. 25(11):589–591, 2002.

Wenn zwei Gehirne sich verstecken

> „Du bist nicht das, was du zu sein glaubst. Statt die Gestalt, die dich aus dem Spiegel anblickt, solltest du dir deinen Körper als eine Ansammlung dynamischer Ökosysteme vorstellen, die aus winzigen, biologisch sehr vielfältigen Organismen bestehen." – Rob DeSalle[39]

Um die Sache noch ein wenig komplexer zu machen: Es gibt nicht nur ein Gehirn, die beiden anderen wollen ebenfalls mitreden. Wir haben drei Gehirne: das Kopf-, das Herz- und das Bauchgehirn.

Diese zusätzliche Dimension – die Entdeckung, dass wir nicht eines, sondern gleich drei Gehirne haben – mag zunächst verwirrend wirken. Doch sie kann uns helfen, bestimmte Teile unseres Körpers (eigentlich sind es Organe), die wir vielleicht besser kennen als das Kopfgehirn, in unsere Betrachtung einzubeziehen und bewusst zu nutzen.

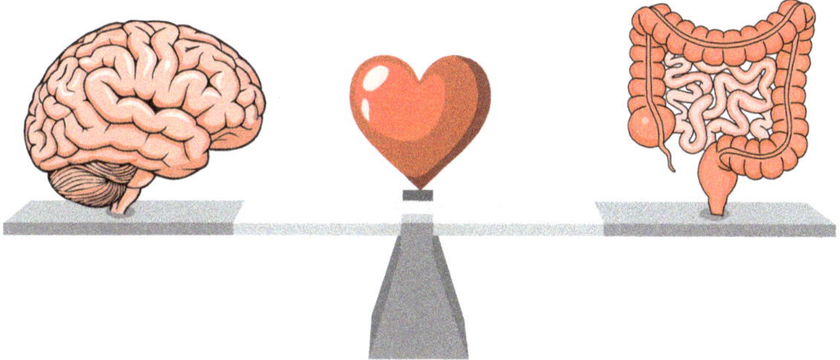

Abbildung 2.1: Drei Gehirne aufbauen und balancieren.

Die drei Gehirne (Abbildung 2.1) arbeiten zusammen und bringen erstaunliche Fähigkeiten hervor, wie zum Beispiel Intuition. Intuition wird von den meisten Führungskräften als "schwammig" abgetan. Viele fürchten, bei diesem Thema in eine Sphäre von Spiritualität oder Mystik gezogen zu werden. Sie glauben, Intuition sei überflüssig. Aber das ist ein Irrtum – und genau deshalb gehört Intuition eigentlich auf den Lehrplan von Business Schools.

Intuition entsteht durch die Verbindungen und Interaktionen deiner drei Gehirne – des Herzgehirns (kardiales Gehirn), des Bauchgehirns (enterisches Gehirn) und des Kopfgehirns. Hier eine kurze, vereinfachte Übersicht ihrer Funktionen und „Zuständigkeiten":

39 Rob De Salle, Welcome to the Microbiome: An Introduction to the World Inside You (New Haven, CT: Yale University Press, 2015).

Unsere drei Gehirne

Kopfgehirn

- Verfügt über rund 86 Milliarden Neuronen.
- Ermöglicht uns zu sprechen, zu denken und kreativ zu sein. Es ist außerdem Ursprung und Sitz unseres Bewusstseins.
- Besteht aus zwei wichtigen Bereichen, die ständig miteinander verhandeln: dem **präfrontalen Cortex**, der für Rationalität, Logik, Erkenntnis und Bedeutungszuweisung zuständig ist und die „Exekutivfunktionen" übernimmt, sowie dem **limbischen System**, dem evolutionär älteren Teil des Gehirns, der unsere emotionale Welt bestimmt und immer sofort den Keks haben will (mehr zum Keks vgl. Seite 42).

Herzgehirn

- verfügt über nur rund 40.000 Neuronen, die jedoch eigenständig arbeiten.
- besitzt ein eigenes Gedächtnis.
- ist an der Verarbeitung von Emotionen beteiligt und spielt eine Rolle bei Entscheidungsprozessen.
- Sein wertbasiertes Feedback an das Kopfgehirn unterstreicht seine Bedeutung für die Verhaltenssteuerung.

Bauchgehirn

- umfasst etwa 500 Millionen Neuronen.
- ist Teil der Darm-Hirn-Achse, also der bidirektionalen Kommunikation zwischen Darm und Kopfgehirn.
- trägt zur Entstehung von Stimmung und Emotionen bei.
- hilft, das Immunsystem zu steuern.
- sein Mikrobiom (die Darmbakterien – die „Darm-Party", dazu kommen wir noch) ist stark in diese Arbeit eingebunden.

Aber wie funktioniert die Interaktion unserer Gehirne? Die Steuerung und Verarbeitung von Emotionen geschieht über den Vagusnerv, der Herz, Gehirn und Bauch miteinander verbindet. Das erklärt zum Beispiel, warum wir bei starken mentalen oder emotionalen Reizen so oft eine deutliche Reaktion im Bauch spüren.

Der geheimnisvolle Vagusnerv

Die Verbindung zwischen deinem Bauch und dem Kopfgehirn ist eine Art Autobahn für den Informationsaustausch der beiden Organe untereinander. Der Vagusnerv zieht direkt vom Bauch hoch ins Gehirn – er ist ein geheimnisvoller Wohltäter mit viel Macht.

Seinen Namen trägt er, weil er wie ein Vagabund „umherwandert" und vom Hirnstamm aus seine Nervenverbindungen zu vielen anderen Körperregionen, insbesondere zu den inneren Organen, aussendet. Wie Tolkien sagte: „Not all those wander are lost", nicht jeder, der wandert, ist verloren, und das gilt in besonderem Maße für unseren zehnten von insgesamt zwölf Hirnnerven, den längsten Nerv des vegetativen

Nervensystems. Er ist sozusagen der Dirigent unseres Parasympathikus, jenes Systems, das Körper und Geist in den Zustand von Ruhe, Entspannung und Wohlbefinden versetzt. Der Sympathikus als dessen Gegenpart aktiviert den Körper, mobilisiert Energie und macht uns schnell handlungsbereit. Mehr über die beiden autonomen Nervensysteme und ihre Bedeutung folgt in den nächsten Kapiteln.

Der Vagusnerv

Der Vagusnerv reguliert viele lebenswichtige Funktionen: Blutdruck, Schwitzen, Verdauung sowie kognitive Prozesse und Emotionen. Er ist sogar romantisch mit deinem Herzen „verbunden“: Über elektrische Impulse steuert er spezialisierte Herzmuskelzonen, die den Puls beschleunigen oder verlangsamen.

Weil die Aktivierung des Vagusnervs die Ausschüttung von Stresshormonen wie Cortisol reguliert und zugleich das Immunsystem stärkt, gibt es Hinweise darauf, dass die Stimulation des Vagusnerves eine vielversprechende Therapie gegen Stimmungsschwankungen, Depressionen und sogar chronische Entzündungskrankheiten sein könnte.[40]

Den Vagus gezielt zu nutzen kann nicht nur Stress lindern, Depressionen und Kopfschmerzen bekämpfen[41], sondern auch die meisten Entspannungsreaktionen des Körpers aktivieren. Als „großer wandernder Beschützer“ steuert er ein komplexes Netzwerk aus Nerven, Hormonen und Immunprozessen, das unser inneres Gleichgewicht in Körper und Geist bewahrt. Lernen wir, seine Kräfte zu aktivieren, können wir die körpereigenen Mechanismen nutzen, um unsere Gesundheit zu erhalten oder zu fördern.

Es gibt zahlreiche Möglichkeiten, um den eigenen Vagusnerv zu stimulieren[42], damit er die Verbindung zwischen Gehirn und Körper unterstützt, beispielsweise durch Bewegung, Singen, Lachen, Massagen und Gurgeln!

Folge deinem Herzgehirn

Erinnern wir uns: Das Gehirn ist nicht auf die „große Box“ in unserem Kopf beschränkt, sondern über seine beiden Partner – Herz und Bauch – eng mit dem Körper verbunden. Unser Körper braucht das Gehirn, und das Gehirn braucht den Körper.

Unser Herz ist ein hochkomplexes Organ mit mehr als 40.000 Neuronen, das in ständiger Verbindung mit dem Kopfgehirn steht. Spannend ist: Das Gehirn erhält viel mehr Signale vom Herzen, als es selbst dorthin sendet. Mit anderen Worten funkt das Herz pausenlos Informationen „nach oben“.

Ein faszinierendes (und leicht beängstigendes) Buch von Deepak Chopra erzählt die Geschichte einer Frau, die nach einer Herztransplantation plötzlich Kentucky Fried Chicken liebte – etwas, das sie vorher nie mochte, ihr Spenderherz aber schon![43]

---

40 Breit, S; Kupferberg, A; Rogler, G; Hasler, G. Vagus Nerve as Modulator of the Brain-Gut Axis in Psychiatric and Inflammatory Disorders. Front Psychiatry. 2018;9:44. doi:10.3389/fpsyt.2018.00044

41 Yuan, H.; Silberstein, SD. Vagus Nerve and Vagus Nerve Stimulation. Headache. 56(1):71–8, 2016.

42 upliftconnect.com. 12 Ways to Unlock the Powers of the Vagus Nerve.https://upliftconnect.com/12-ways-unlock-powers-vagus-nerve

43 Chopra, Deepak. The Wisdom of Healing. Three Rivers Press, 2001.

Es gibt eine Fülle an Forschungsergebnissen darüber, wie das Herz das Gehirn beeinflusst. Es reagiert mit unterschiedlichen Rhythmen auf Emotionen und Stresssituationen. Ob wir aufgeregt sind, entspannt oder geistig in Bestform – das Herz schlägt jeweils in einem entsprechendem Muster. Zwischen den Nerven des Herzens und dem Gehirn besteht also eine enge, wechselseitige Verbindung. Das lässt sich sogar trainieren: Der Begriff Herzkohärenz bezeichnet den Zustand, in dem Herzrhythmus und innere Balance so harmonisch sind, dass das Herz Signale an das Gehirn sendet wie: „Alles in Ordnung hier, du kannst loslegen, wir sind im Gleichgewicht."

Mit seinen 40.000 Neuronen kann das Herz denken, fühlen, lernen und erinnern – unabhängig vom Kopfgehirn. Seine Signale haben einen erheblichen Einfluss auf die Funktion des Gehirns: Sie prägen nicht nur, wie wir Emotionen verarbeiten, sondern beeinflussen auch höhere kognitive Fähigkeiten wie Aufmerksamkeit, Wahrnehmung, Gedächtnis und Problemlösung.

Wenn wir nun wissen, dass das Herz eigenständig lernen und erinnern kann, bekommt die Redewendung „Folge deinem Herzen" eine ganz neue Bedeutung. In vielen asiatischen Sprachen werden „Herz" und „Geist" sogar mit einem und demselben Wort bezeichnet.[44] Das japanische kokoro (心) bedeutet zugleich „Herz, Geist, Mentalität, Emotionen, Gefühle". Das chinesische Zeichen xīn (心) kann sowohl mit „Herz" als auch mit „Geist" übersetzt werden. Manche Wissenschaftler haben sich deshalb darauf geeinigt, es als „heart-mind" oder „Herz/Geist" zu übertragen. Das ist nicht nur schön, sondern auch ein sehr klarer Hinweis darauf, wie eng beide Dimensionen miteinander verbunden sind.

Höre auf dein Bauchgehirn

Das Gehirn in deinem Bauch ist erstaunlich groß: Bauch- oder enterische Gehirn – besteht aus mehreren Millionen Neuronen. Das entspricht der Komplexität eines Katzengehirns. Vielleicht hast du schon von „Stuhltransplantationen" gehört, bei denen man einem Körper ein neues Mikrobiom gibt, indem man neue Bakterienkolonien in den Darm einbringt. Das Resultat kann nicht nur das Immunsystem verändern und möglicherweise Immun- und Stoffwechselkrankheiten heilen, sondern auch die Stimmung und Emotionen beeinflussen. Menschen mit Depressionen profitieren davon, die Bakterien in ihrem Darm zu verändern. Wie funktioniert das?

Das Darmgehirn

Der Zustand unseres Darms – ob er „glücklich" ist oder nicht – wird stark durch die Neurochemikalien bestimmt, die er produziert. Unser Darm stellt ebenso viele Botenstoffe her wie das Kopfgehirn. Diese Neurochemikalien wirken zusammen mit seinen Bakterienkolonien direkt auf unser Gefühlsleben. Bakterienpartikel stimulieren bestimmte Nervenenden im Darm, woraufhin dort Stoffe freigesetzt werden, die bis ins Gehirn wandern – und dort Emotionen erzeugen.

---

44 Language Log. Heart-mind. https://languagelog.ldc.upenn.edu/nll/?p=14807

Daniel Kahneman schreibt in *Schnelles Denken, langsames Denken,* man solle seinem Bauchgefühl besser nicht trauen. Doch vielleicht würde er seine Meinung ändern, wenn er den Bauch aus biologischer Sicht statt aus soziologischer betrachtet hätte.

Das Bauchgefühl Es könnte in der Tat sehr klug sein, auf sein Bauchgefühl[45] zu hören– denn der Darm ist tatsächlich ein „Wunderhirn". Allein die Mikrobengemeinschaft im Inneren ist eine komplexe Party für sich: Forscher der Washington University haben 2023 entdeckt, dass sich die Zusammensetzung dieser Darmbakterien bei Menschen, die an Alzheimer erkranken ändert, bevor bei ihnen Symptome der Erkrankung überhaupt auftreten.[46] Diese Veränderungen wirken sich darauf aus, wie viel Protein Amyloid-Beta im Gehirn abgelagert wird – ein Stoff, der eng mit Alzheimer und anderen Gehirnerkrankungen verbunden ist. Das zeigt, wie wichtig unser Darm für unsere Gehirngesundheit sein könnte und öffnet neue Wege, Alzheimer früher zu erkennen und vielleicht sogar aufzuhalten

---

Wie wir bereits gesehen haben, ist die Interaktion der Millionen von Mikroben in unserem Darm mit unserem Kopfgehirn von entscheidender Bedeutung – sogar für unser emotionales und kognitives Gleichgewicht. Das eröffnet eine ganz neue Perspektive darauf, wie wir die geheimen Kräfte unseres zweiten Gehirns nutzen können.

Vielleicht können wir uns schon bald individuell zusammengestellte Bakterien-Cocktails verordnen lassen, die Körper und Gehirn fit halten, das Altern verlangsamen und unsere emotionale sowie geistige Gesundheit stärken.

Die Interaktion unserer drei Gehirne zu fördern kann entscheidend sein – sowohl für die Lebensqualität als auch für effektive Führung. Forschung von Soosalu, Henwood und Deo (2019, S. 3)[47], zeigt, warum Führungskräfte, die Kopf-, Herz- und Bauchhirn berücksichtigen, bessere Entscheidungen treffen:

„Es überrascht daher kaum, dass die Bedeutung von Herz und Bauch in menschlichen Prozessen wie Entscheidungsfindung durch eine wachsende Zahl an Studien sowohl im Labor als auch in realen Szenarien bestätigt wird."

Angesichts der Erkenntnisse über Neuroplastizität und des Wissens, dass wir mit drei Gehirnen denken und fühlen, liegt die nächste Frage nahe: Wie lässt sich dieses Wissen als Führungskraft nutzen, um sich selbst und die Menschen, für die man Verantwortung trägt, beim Lernen, Entwickeln und erfolgreichen Handeln zu unterstützen?

---

45 Meyer, U. That gut feeling explained. Lab News, June 11, 2014.https://www.labnews.co.uk/news/that-gut-feeling-explained-11-06-2014

46 Ferreiro, A. L. et al. (2023). Gut microbiome composition may be an indicator of preclinical Alzheimer's disease. *Science Translational Medicine*, 15(687), eabo2984.https://www.science.org/doi/10.1126/scitranslmed.abo2984

47 Soosalu, G., Henwood, S. & Deo, A.Head, Heart and Gut in Decision Making. Sage Journals. 2019. https://journals.sagepub.com/doi/pdf/10.1177/2158244019837439

In den kommenden Kapiteln werden wir genau das untersuchen: Was sind Deine natürlichen Führungstendenzen und welche Möglichkeiten hast Du, sie gezielt mit den Fähigkeiten Deiner drei Gehirne zu verbinden?[48]

Leadership trifft Neurowissenschaft

> „Millennials sind sich der vielen Herausforderungen der Gesellschaft stärker bewusst als frühere Generationen und weniger bereit, die Maximierung des Shareholder Value als ausreichendes Ziel für ihre Arbeit zu akzeptieren. Sie suchen nach einem umfassenderen sozialen Zweck und möchten an einem Ort arbeiten, der einen solchen Zweck verfolgt." Michael Porter[49]

Ich traf Jeff, den Millennial-CEO eines innovativen Biotech-Unternehmens, der mir seinen Einstellungsprozess erklärte. Seine Firma hat wenig Geld und kann sich keine Fehlbesetzungen leisten. Wenn er Doktoranden für Forschungsprojekte einstellt, legt er ihnen zwei Verträge vor: Der erste ist ein normaler Arbeitsvertrag, der zweite trägt die Überschrift: „5.000 €-Nicht-für-uns-arbeiten-Vertrag". Genau so ist es: Er zahlt den Bewerbern sofort 5.000 €, wenn sie sich dagegen entscheiden, für seine Firma zu arbeiten und stattdessen die Tür hinter sich schließen. Als Gen-Xerin war ich zunächst verwirrt. Ich verstand nicht, was das sollte. Er erklärte: „Schauen Sie, unser Ziel ist es, Krebs zu bekämpfen. Das ist ein langer und harter Weg. Wenn diese Leute nicht an unseren Purpose glauben, wenn sie nicht genauso leidenschaftlich sind wie ich und alle hier, dann möchte ich nicht, dass sie mit uns arbeiten." Das zeigt, wohin Führung sich entwickeln muss. Der Sinn ist für unsere Mitarbeitenden genauso wichtig wie für uns als Führungskräfte. Wer Sinn und Bedeutung vermittelt, steigert Motivation, Durchhaltevermögen, Zusammenarbeit, positive Energie und sogar die Gesundheit des Teams.[50]

Ein klar formuliertes und in der Praxis auch umgesetztes Unternehmensziel öffnet den Weg zu Zugehörigkeit und Sicherheit – den Grundvoraussetzungen für Vertrauen, die neue Maslow-Stufe. Mit Purpose und Vertrauen gewinnen wir die jungen Generationen, nutzen die Energie der engagierten Gen-Xer und binden die Erfahrung der Babyboomer. Mit diesem Verständnis, dass Purpose und Vertrauen entscheidend sind, stellt sich die Frage: Wie können wir unser Gehirn so kalibrieren, dass es diese beiden emotionalen Zustände erzeugt? Hier kann uns die Neurowissenschaft helfen.

---

48 Arvey, R. D., Wang, N., Song, Z., & Li, W. (2014). The biology of leadership. In D. V. Day (Ed.), The Oxford Handbook of Leadership and Organizations (pp. 73–92). New York, NY: Oxford University Press.

49 Michael E. Porter, "Michael E. Porter on Why Companies Must Address Social Issues," in: Forbes (Interview von Dan Schawbel), 9. Oktober 2012, URL: https://www.forbes.com/sites/danschawbel/2012/10/09/michael-e-porter-on-why-companies-must-address-social-issues/

50 Harvard Business Review. The Business Case For Purpose.https://www.ey.com/Publication/vwLUAssets/ey-the-business-case-for-purpose/FILE/ey-the-business-case-for-purpose.pdf

Das Hormon für Vertrauen

Schauen wir uns an, wie das Gehirn Vertrauen „herstellt", wenn der Reiz stimmt – und warum ein *vertrauenswürdiges Umfeld* für Führungskräfte so wichtig ist.

Oxytocin Vertrauen wird durch ein Hormon erzeugt: Wenn wir uns mit jemandem verbunden fühlen, schüttet unser Körper Oxytocin ins Blut aus. Wir fühlen uns wohl – und diese Verbindung wird dadurch noch stärker.

Oxytocin wird im limbischen System produziert, einem evolutionär alten Teil des Gehirns. Es erzeugt Gefühle von Bindung, Sicherheit und Wohlbefinden und aktiviert ein Netzwerk im Gehirn, das signalisiert: „Lasst uns zusammenarbeiten, um das zu erreichen."

Empathisches Verhalten ist mit einer Oxytocin-Ausschüttung verbunden und löst eine wechselseitige Reaktion von Bindung und Vertrauen aus. Das ist eine gute Nachricht: Wir können Vertrauen heute tatsächlich messen – anhand der Oxytocin-Level in unserem Gehirn und in dem Gehirn der Menschen, denen wir vertrauen.

Vertrauen steigert Motivation und Engagement der Mitarbeitenden. Der Neuroökonom Paul J. Zak ist Autor von *Trust Factor: The Science of Creating High-Performance Companies.*[51] Er ist Professor für Wirtschaftswissenschaften, Psychologie und Management an der Claremont Graduate University und erforscht die Neurowissenschaft des Vertrauens. Seine frühen Experimente zeigten, dass Menschen, die sich miteinander verbunden fühlen und einander vertrauen, sogenannte „Tugendkreisläufe" erleben – mit höheren Oxytocinwerten.

Paul Zak fand heraus, dass Manager, die „Interesse und Fürsorge für den Erfolg und das Wohlergehen ihrer Teammitglieder zeigen", besser abschneiden als andere. Mitarbeitende in sogenannten High-Trust-Organisationen sind produktiver, haben mehr Energie und arbeiten besser zusammen.

Zak beschreibt acht Bausteine des Vertrauens, darunter Verhaltensweisen wie Spitzenleistungen anerkennen, Herausforderungen schaffen, Verantwortung delegieren und Beziehungen aufbauen. Führungskräfte, die auf dieser Basis eine Kultur entwickeln, fördern die Oxytocin-Ausschüttung im Gehirn ihrer Leute – und schaffen so Vertrauen.

Da wir nicht ständig Blutproben von uns selbst und unseren Mitarbeitern nehmen wollen, hat Zak einen Fragebogen entwickelt, mit dessen Hilfe Führungskräfte das Vertrauensniveau in ihrer Organisation bewerten können. Wenn Du herausfinden möchtest, ob Deine Organisation eine Kultur des hohen Vertrauens und der hohen Leistungsfähigkeit hat, mach den Test: https://ofactor.com/pulse/hbr

---

51 **Paul J. Zak**, "The Neuroscience of Trust," in: *Harvard Business Review*, Januar/Februar 2017.

Die Biologie des Zwecks

„Wer ein Warum zum Leben hat, erträgt fast jedes Wie.“ – Friedrich Nietzsche

Nicht alle Führungskräfte – und auch nicht alle Gehirne von Führungskräften – sind gleich geschaffen. Einige von uns wissen, wie sie andere neugierig machen, sie inspirieren und ihnen Sinn vermitteln. All diese Elemente sind entscheidend, um den Dopamin-Belohnungskreislauf im Gehirn zu aktivieren. Wenn wir ein Ziel verfolgen, das für uns relevant ist und mit unseren persönlichen Werten in Einklang steht, schüttet das Gehirn das Hormon Dopamin aus – den „Glücks“-Botenstoff, der Motivation und Belohnung vermittelt.

Führung beginnt also im Gehirn. Purpose inspiriert unsere Mitarbeitenden und gibt ein klares Ziel für die Organisation vor. Forschungen zeigen[52] immer wieder, dass Purpose Organisationen auch in Zeiten der Volatilität zu stabiler Leistung verhilft.

Purpose in Life

Purpose in Life (PIL), der Sinn des Lebens, ist ein Forschungsfeld, das untersucht, wie emotionale, mentale und soziale Faktoren Gesundheit direkt beeinflussen können. Die Grundannahme lautet: Optimale Gesundheit entsteht, wenn wir Sinn und Purpose in unserem Leben finden. Der Ansatz geht zurück auf Viktor Frankl.[53] Er schreibt: „Das Hauptanliegen des Menschen ist nicht, Freude zu erlangen oder Schmerz zu vermeiden, sondern vielmehr, einen Sinn in seinem Leben zu sehen“.

Im Jahr 1964 entwickelten James Crumbaugh und Leonard Maholick eine psychometrische Skala[54], um den “PIL” zu messen – aktuelle Tests basieren noch heute auf ihren Prinzipien.

Dimensionen von PIL sind beispielsweise:

- Überzeugung, dass das Leben Sinn hat
- ein persönliches Wertesystem
- Motivation und die Fähigkeit, Ziele zu erreichen und Herausforderungen zu bewältigen.

Forschungen zeigen, dass Purpose positive Effekte auf Körper und Geist hat – bis hin zur Linderung chronischer Erkrankungen. Er kann das Risiko für Herz-Kreislauf-Erkrankungen, Schlaganfälle, Autoimmunerkrankungen (z. B. Morbus Crohn) und Depression verringern.[55]

Der zugrundeliegende, wissenschaftliche Grund ist ziemlich einfach: Ein Zweck scheint unserem Gehirn zu helfen, die Auswirkungen von Stress abzumildern. Wie wir später im Buch noch sehen werden, kann Stress auf vielerlei Weise schaden – vor allem, weil er dazu führt, dass unser Gehirn Neurochemikalien ausschüttet, die die Produktion von Cortisol – dem bekannten Stresshormon – anstoßen. Und Cortisol kann, wie wir wissen, viele körperliche und mentale Systeme negativ beeinflussen.

---

52 EY Beacon Institute & HBR Analytic Services, *The Business Case for Purpose*, Report (2016); World Economic Forum, *The Future of Value: Value in the Digital Age*, Report (2022).

53 Frankl, Viktor E. (1959). *Man's Search for Meaning: An Introduction to Logotherapy*. Beacon Press, Boston, Deutsche Ausgabe: Der Mensch auf der Suche nach Sinn. Herder, Freiburg i. Br. 1976.

54 Crumbaugh, J.; Maholick, L. An experimental study in existentialism: The psychometric approach to Frankl's concept of noogenic neurosis. J Clin Psychol. 20(2):200–207, 1964.

55 Koizumi, M.; Ito, H.; Kaneko, Y.; Motohashi, Y. Effect of Having a Sense of Purpose in Life on the Risk of Death from Cardiovascular Diseases. J Epidemiol. 18:185–191, 2008. doi:10.2188/jea.JE2007388

Als Führungskräfte tun wir gut daran, anzuerkennen, dass Purpose die treibende Kraft hinter allem ist, was wir im Leben tun, und somit auch der Grund, warum wir jeden Morgen zur Arbeit gehen. **Unser menschliches Gehirn ist biologisch darauf ausgelegt, nach einem Sinn im Leben zu suchen.**

Das limbische System

Dein limbisches System ist ein uraltes und sehr mächtiges Steuerungszentrum im Gehirn. Es besteht aus Hippocampus, Hypothalamus und Amygdala und ist verantwortlich für unsere Emotionen. Entgegen der verbreiteten Annahme, dass unsere Entscheidungen und unser Verhalten primär vom präfrontalen Cortex – dem „CEO" des Gehirns – gesteuert werden, trifft das limbische System tatsächlich den Großteil unserer Entscheidungen. Die meisten Urteile sind nicht rational begründet, denn das limbische Gehirn strebt nach Sicherheit, Zugehörigkeit, Vertrauen und Verbindung.

Als zentrales Steuerungsorgan Deines Gehirns wird das limbische System durch Purpose aktiviert und engagiert. Deshalb können Führungskräfte Menschen nicht allein über Macht oder extrinsische Anreize gewinnen, sondern müssen das emotionale, auf Sinnhaftigkeit ausgerichtete Zentrum im Gehirn ansprechen. Die Fähigkeit, Purpose zu schaffen und zu vermitteln, fördert Motivation, Produktivität und Loyalität bei Mitarbeitenden.

Organisationen, die Purpose nutzen, sind erfolgreich; charismatische Führung und kollaborative Teams entstehen durch angewandte Neurowissenschaft.

Wenn Du es selbst ausprobieren willst: In einem inspirierenden TEDx-Talk in Malibu zeigt der Produzent Adam Leipzig, wie man seinen Purpose in 5 Minuten entdeckt:

https://www.youtube.com/watch?v=vVsXO9brK7M&vl=pl

Unter anderem stellte Leipzig folgende Fragen:

- Welche Tätigkeit liegt dir so sehr, dass du dich qualifiziert fühlst, es anderen Menschen beizubringen?
- Für wen machst du das?
- Was brauchen oder wollen diese Menschen (für die du es tust), das du ihnen geben kannst?
- Und wie verändern oder entwickeln sie sich dadurch? Wie verbessert sich deren Leben?

Fazit: Führung beginnt bei uns selbst. Wer sein(e) Gehirn(e) versteht, trainiert und entwickelt, kann eine Kultur von Zusammenarbeit, Vertrauen und Inspiration schaffen – und seiner Organisation einen Sinn und Zweck geben, um sie dadurch gesünder und leistungsfähiger zu machen.

Kapitel 3
Die Kraft der drei Gehirne: Verstehen, Steuern, Balancieren

> „Schauspielern ist nichts, was man tut. Es geschieht einfach. Wenn man mit Logik anfängt, kann man es gleich aufgeben. Man kann sich bewusst vorbereiten, aber das Ergebnis ist unbewusst."
> Lee Strasberg[56]

Stell dir vor, du bist Regisseurin oder Autor eines Films oder Theaterstücks. In diesem Film hast du viele Schauspieler zur Verfügung, alle verschieden, einige eher für Tragödien geeignet, andere für Komödien, alle beeindruckend und großartig in ihrer jeweiligen Rolle. Du, die Regisseurin, kontrollierst auch die Musik, die die Stimmung für die Emotionen setzt, die dein Publikum erleben soll. Du kannst die Bilder, Kamerawinkel, Hintergründe und Kulissen verändern. Das Wichtigste ist allerdings zu entscheiden, welcher Typ Regisseurin du sein wirst. Bist du ein Stanley Kubrick, der Meister dramatischer Spannung? Oder eher ein Spielberg, bei dem immer jemand ein Problem mit seinem Vater hat, während pompöse Musik im Hintergrund läuft? Vielleicht bist du eher ein Woody-Allen-Typ, der die komischen Neurosen hervorhebt? Oder bist Du eher Greta Gerwig, die den ironischen Kino-Knüller *Barbie* erschaffen hat? Welchen Regisseur du auch wählst – er prägt den Film. Das Werk wird zur Komödie, zur Horrorstory, es wird traurig, spannend, lustig oder alles zugleich.

Jeder Regisseur arbeitet mit denselben Schauspielern, doch seine Entscheidungen bestimmen Musik, Tempo, Spannung, Handlung, Harmonie oder Angst. Jeder Regisseur setzt Schauspieler anders ein. Sie können die Zuschauer glücklich machen oder traurig, ihre Kunst kann emotional bewegen, paralysieren, zerstören oder aufbauen.

In unserer realen Welt sind die „Schauspieler" deine Neurochemikalien – und Du bist der Regisseur, der CEO, deines Gehirns. Du kannst Deine *Neurodingsdas* aufbauen und ins Gleichgewicht bringen, um dein Leben – und das der Menschen um dich herum – zu gestalten.

Dein Ziel als Führungskraft ist es, dafür zu sorgen, dass jeder in deinem Team – dich eingeschlossen – seine Energie, Intelligenz und Kreativität einbringt. Das gelingt nur, wenn unser Gehirn gut funktioniert. Die Neurowissenschaft kann uns helfen, unser Gehirn so zu modifizieren, dass wir Sinn, Vertrauen und Motivation schaffen. In diesem Kapitel werden wir uns damit beschäftigen, wie man die *Neurodingsdas* aufbaut und die Aktionsmodi ausbalanciert, um eine effektive Führungskraft zu sein.

56 Lee Strasberg, A Dream of Passion: The Development of the Method (1987).

https://doi.org/10.1515/9783112234099-004

Die Neurodingsdas aufbauen

Neurotransmitter und Hormone (der Einfachheit halber Neurochemikalien, oder noch einfacher: Neurodingsdas) sind chemische Botenstoffe, die es dem Gehirn ermöglichen, mit seinen verschiedenen Arealen und dem gesamten Nervensystem zu kommunizieren.

Neurochemikalien

Neurochemikalien bestehen aus Hormonen und Neurotransmittern. Hormone werden von den endokrinen Drüsen gebildet, Neurotransmitter vom Nervensystem. Sie spielen eine entscheidende Rolle bei der Aufrechterhaltung der Homöostase im menschlichen Gehirn und Körper. Sie tragen Informationen von einem Teil des Gehirns zu anderen, agieren aber auch zwischen Gehirn, Darm und Herz. Neurochemikalien sind praktisch überall im Körper unermüdlich im Einsatz.

Neurochemikalien gibt es in einer großen Vielfalt und mit unterschiedlichen Wirkmechanismen. Wichtig ist zu wissen: Sie sind unsere Kommunikationssysteme und steuern einen Großteil unseres physiologischen und psychologischen Wohlbefindens. Jede Störung ihrer Funktion kann zu einem Ungleichgewicht führen und im Extremfall Krankheiten verursachen.

Die Neurochemikalien kontrollieren Emotionen, Hormone und modulieren Stress. Sie beeinflussen unsere Stimmung, wie wir essen (oder zu viel essen), unsere Lernfähigkeit und unseren Schlaf. Sie erzeugen das „Denken“ und „Fühlen“, die ein bestimmtes Verhalten von uns selbst als Führungskraft und von unseren Mitarbeitenden auslösen.

Es gibt über 200 verschiedene Neurodingsdas – und es wäre ein weiteres Buch notwendig, um ihre genauen Funktionen zu beschreiben. Glücklicherweise übernehmen wenige, „kleine Moleküle“ – die Neurotransmitter Acetylcholin, Dopamin, Gamma-Aminobuttersäure (GABA), Glutamat, Histamin, Noradrenalin und Serotonin den Großteil der Arbeit. Auf diese werden wir uns konzentrieren, um zu verstehen, wie sie uns dabei helfen können, als Führungskraft das Wesentliche zu erreichen: Vertrauen, Motivation und Sinn zu schaffen und ein sicheres Umfeld zu bieten, in dem wir und unser Team gedeihen können. Wir müssen einige dieser „Schauspieler“ gut kennenlernen, denn sie tauchen immer dann auf der Bühne auf, wenn etwas Wichtiges geschieht.

Mit welchen Neurodingsdas können wir spielen?

Wichtige Neurotransmitter, die Emotionen und Verhalten beeinflussen, sind:
- Acetylcholin und Noradrenalin (Aufmerksamkeit, Wachheit)
- Serotonin (positive Stimmung, Balance)
- Oxytocin (Vertrauen, Liebe)

- Dopamin (Belohnung)
- Endorphine (Hochgefühl)

Als Führungskräfte müssen wir sicherstellen, dass die richtigen Neurochemikalien in unserem Gehirn genutzt und in einem effizienten, gesunden Gleichgewicht gehalten werden.

Serotonin

Serotonin ist ein Neurotransmitter, der für das Wohlbefinden und das Glücksempfinden verantwortlich ist. Es wird ausgeschüttet, wenn man auf etwas stolz ist, das für einen wichtig ist und fördert das soziale Engagement. Serotonin ist an der Verarbeitung von Emotionen beteiligt und kann daher die allgemeine Stimmung beeinflussen.

Als Führungskraft sollten wir genug Serotonin in den Gehirnen von uns selbst und unseren Mitarbeitenden erzeugen, damit wir uns gut, glücklich und verbunden fühlen.

Serotonin Rollenbeschreibung
Besondere Fähigkeiten: Serotonin lässt uns wertgeschätzt und stolz fühlen und verstärkt das Gefühl der eigenen Bedeutung. Es reguliert unsere Stimmung, Sozialverhalten, Schlaf, Gedächtnis und sexuelles Verlangen.
Bekannte Rollen: Wohlfühlfilme
Lieblingsrolle: Die Teenager Pyjamaparty

Dopamin

Dopamin ist ein Neurochemikal, das uns das Gefühl gibt, dass sich unsere Anstrengungen gelohnt haben. Es wird in verschiedenen Regionen des Gehirns produziert, davon 50 Prozent sogar im Darm. Dopamin motiviert dazu, aktiv auf Ziele hinzuarbeiten, treibt den Belohnungskreislauf an und erzeugt beim Erreichen von Zielen ein angenehmes Gefühl. Wer schon einmal hart für ein Ziel gearbeitet hat, weiß: Das Erfolgserlebnis beruht teilweise auf einem Dopamin-Kick. Eine Funktionsstörung des Dopaminsystems steht im Zusammenhang mit Symptomen einer Depression, wie beispielsweise geringe Motivation.

Wie man den „Dopamin-Belohnungszyklus" (Abbildung 3.1) unseres Gehirns aktivieren kann, haben wir im letzten Kapitel gelesen. Schokolade funktioniert, aber auch ein Lob vom Chef, ein Kompliment von Kollegen oder ein Dankeschön von Freunden haben denselben Effekt. Der Dopamin-Belohnungszyklus ist wichtig, denn wenn unser Gehirn und unser Darm Dopamin produzieren, haben wir das Gefühl, dass sich die Mühe lohnt. Wir sind dann gerne bereit, noch mehr für unsere Ziele zu tun, weil wir wissen, dass unser Belohnungssystem aktiviert ist und uns Glücksgefühle beschert.

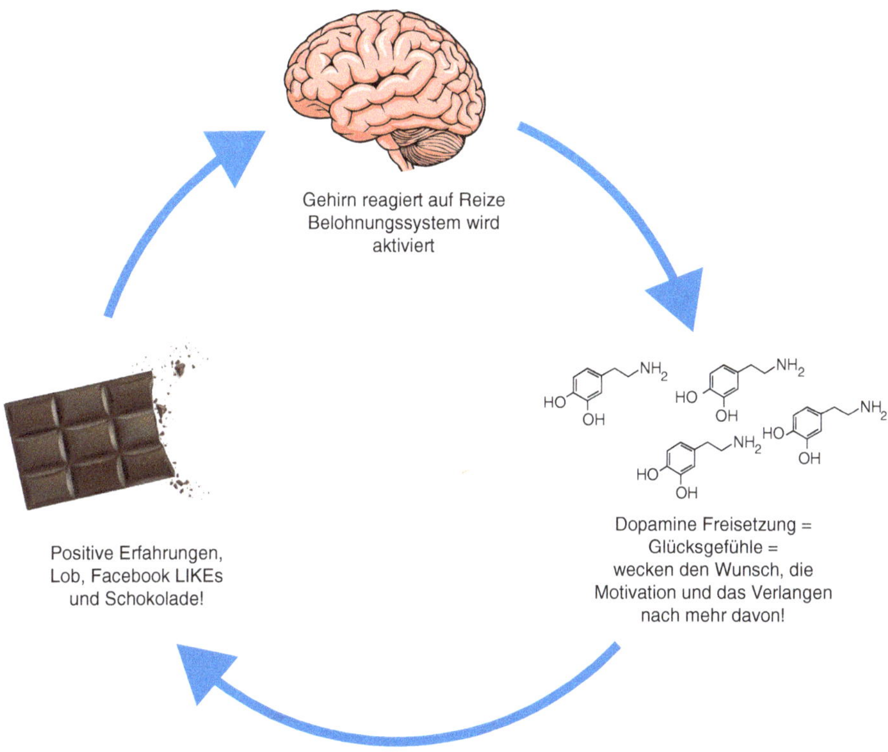

Abbildung 3.1: Dopamin-Belohnungs-Zyklus.

Dopamin Rollenbeschreibung
Besondere Fähigkeiten: Dopamin gibt uns das Gefühl, dass sich die Reise lohnt, und erzeugt einen Zustand der Begeisterung und Freude
Bekannte Rollen: Dopamin-Belohnungszyklus
Lieblingsrolle: Der Cheerleader

Endorphine

Endorphine werden als Reaktion auf Schmerz und Stress ausgeschüttet, um Ängste zu lindern. Sie können Euphorie auslösen. Ein bekanntes Beispiel ist das typische „Runner's High", bei dem der Körper eigentlich Schmerzen durch Anstrengung spüren sollte, was die Ausschüttung von Endorphinen jedoch verhindert.

Endorphin Rollenbeschreibung
Besondere Fähigkeiten: Endorphin erzeugt Euphorie, um Schmerz und Stress zu regulieren
Bekannte Rollen: Das Runner's High
Lieblingsrolle: Der Ironman

Oxytocin

Oxytocin ist sowohl ein Neurotransmitter als auch ein Hormon, das im Hypothalamus (einem Teil des limbischen Systems im Gehirn) produziert wird. Es wird als Vertrauens- und Bindungshormon bezeichnet, manchmal auch als „Kuschelhormon". Wenn man ein Baby umarmt, fühlen sowohl das Baby als auch die umarmende Person die Wirkung von Oxytocin. Also: Mehr Umarmungen!

Oxytocin schafft eine „limbische Resonanz", die es ermöglicht, Emotionen anderer Menschen wahrzunehmen und mit ihnen in Einklang zu sein. Fragt man einen unterbezahlten, aber überraschend engagierten Mitarbeiter, warum er an seinem Job festhält, dann gehört eine gute Beziehung zum Vorgesetzten sehr wahrscheinlich zu den Hauptgründen. Er ist vielleicht nicht begeistert, empfindet aber sicherlich Nähe und Vertrauen.

Oxytocin erzeugt Bindungsgefühle und ist daher äußerst wichtig, um Beziehungen entstehen zu lassen. In Führungssituationen sollte Oxytocin ständig präsent sein, denn es fördert die Stimmung und den Zusammenhalt im Team.

Oxytocin Rollenbeschreibung
Besondere Fähigkeiten: Oxytocin Gefühle von Bindung und Vertrauen, es ist eine wichtige Voraussetzung, um Konsens zu erreichen
Bekannte Rollen: Romantische Schnulzen
Lieblingsrolle: Der Lebenspartner

Glutamate und GABA

Glutamat ist ein sogenannter exzitatorischer Neurotransmitter. Es unterstützt kognitive Funktionen, Gedächtnis und Lernen. Glutamat ist ein Vorläufer von GABA (das bedeutet, GABA wird aus Glutamat gebildet).

GABA hat eine „inhibitorische" Funktion. Es spielt eine Rolle bei der motorischen Koordination, der Steuerung höherer Denkprozesse und reguliert auch Ängste.

Ein Überschuss an Glutamat wird automatisch in GABA umgewandelt. So wird das Gleichgewicht bewahrt: Sobald die Glutamatwerte zu hoch ansteigen, wird es zu GABA, um die Aktivität zu beruhigen.

Glutamate & GABA Rollenbeschreibung
Besondere Fähigkeiten: Glutamate und GABA helfen, sich in Stressituationen zu konzentrieren und sich an Wichtiges zu erinnern.
Bekannte Rollen: wissenschaftliche Dokumentationen
Lieblingsrolle: Souffleur

Acetylcholin

Acetylcholin ist ein Neuromodulator – das heißt, ein Botenstoff, der von Nervenzellen ausgeschüttet wird, um andere Nervenzellen zu steuern und zu regulieren. Es spielt eine wichtige Rolle bei kognitiven Funktionen wie Gedächtnis, sorgt für Muskelkontraktionen, aktiviert Schmerzreaktionen und reguliert den Schlaf.

Acetylcholin Rollenbeschreibung
Besondere Fähigkeiten: Acetylcholin steuert die umliegenden Nerven.
Bekannte Rollen: Budget und der Catering Bus
Lieblingsrolle: Stage Manager

Noradrenalin/Adrenalin

Noradrenalin wird überwiegend als Neurotransmitter vom Nervensystem ausgeschüttet, während Adrenalin hauptsächlich als Hormon aus dem Nebennierenmark freigesetzt wird. Sie sind die „Flucht- oder-Kampf“-Hormone, die in Stress- oder Aktivitätssituationen freigesetzt werden.

Noradrenalin ist entscheidend für die Energieproduktion, sorgt für Antrieb, erhöht die Aufmerksamkeit und steigert die Erregung. Es wird kontinuierlich in niedrigen Mengen im Blutkreislauf freigesetzt, während Adrenalin nur in Stresssituationen ausgeschüttet wird.

Diese Neurochemikalien sollten nicht zu lange allein aktiv sein. Als Führungskraft möchte man auf zu viel Noradrenalin nicht verzichten, denn es sorgt für Tatendrang, Energie und Antrieb, braucht aber auch die anderen Akteure, um das Gleichgewicht zu halten.

Noradrenalin Rollenbeschreibung
Besondere Fähigkeiten: Bringt Aufmerksamkeit und Energie
Bekannte Rollen: Der Macher – Dinge werden erledigt
Lieblingsrolle: Hauptdarsteller

Cortisol

Das Hormon Cortisol hilft den Blutzuckerspiegel und Blutdruck zu regulieren, den Stoffwechsel zu steuern und Entzündungen zu reduzieren. Für Führungskräfte ist es besonders wichtig (und bei ihnen leider häufig erhöht), weil es auch als Stresshormon fungiert.

Eine Überproduktion von Cortisol signalisiert dem Gehirn, dass sich der Körper in einer Stresssituation befindet, was sich negativ nicht nur auf den Körper, sondern auch auf kognitive Funktionen auswirkt. Zu viel Cortisol kann einen sogenannten „Amygdala-Hijack“ auslösen. Dabei fällt die unmittelbare emotionale Reaktion unverhältnismäßig stark aus, weil das Gehirn eine Bedrohung als weit größer wahrnimmt, als sie tatsächlich ist. Der Begriff „Geiselnahme der Amygdala“ wurde von Daniel Goleman in seinem Buch *Emotionale Intelligenz* aus dem Jahr 1996 geprägt.

Wie bei allen Bösewichten brauchen auch Stresshormone ihren Auftritt auf der Bühne, weil sie für die Handlung wichtig sind. Doch wenn sie die Balance stören, endet der Film statt als Happy End eher als Horrorstory à la Chucky – Die Mörderpuppe.

Cortisol Rollenbeschreibung
Besondere Fähigkeiten: Bringt alle in Alarmstimmung.
Bekannte Rollen: Geiselnahme
Lieblingsrolle: Der Bösewicht

Als Führungskraft kannst Du lernen, Deine Neurochemikalien auszubalancieren, um Motivation, Vertrauen und Sinn in einem sicheren Umfeld zu fördern.

1. Noradrenalin bringt die Dinge ins Rollen.
2. Oxytocin baut vertrauensvolle Beziehungen auf.
3. Cortisol steuert Stress.
4. Serotonin sorgt dafür, dass die Menschen sich engagieren.
5. Endorphin vermeidet Schmerz.
6. Dopamin macht Anstrengungen lohnenswert.

Doch gelingt das? Darum geht es in den folgenden Abschnitten.

Die Aktionsmodi in Balance bringen: Der Keks und der Tiger

> „Meine größte Freude und damit auch meine Belohnung finde ich in der Arbeit, die dem vorausgeht, was die Welt als Erfolg bezeichnet.“ Thomas A. Edison

Wie wir im ersten Kapitel gesehen haben, ist die Art und Weise, wie man sein Team führt, inspiriert und Ergebnisse erzielt, individuell unterschiedlich. Um eine extrovertierte Person, einen emotionalen Überflieger, zu motivieren, ist ein anderer Ansatz erforderlich als im Umgang mit einem 50-jährigen Mitarbeiter der Generation X, einer alleinerziehenden Mutter oder einem introvertierten Nerd. Um den Bedürfnissen aller Mitarbeitenden gerecht zu werden und eine Kultur der Sicherheit, des Vertrauens und der Sinnhaftigkeit zu schaffen, müssen wir in der Lage sein, ideale Rahmenbedingungen zu schaffen.

Es geht um Ausgewogenheit: Die richtigen Areale im Gehirn müssen unsere Handlungen steuern, damit unsere Teams kreativ sein und sich auf das Ziel konzentrieren können. Die Bereiche des Gehirns, die Kreativität ermöglichen, müssen aktiviert werden, aber auch diejenigen, die Ruhe und Entspannung ermöglichen.

Diese innere Balance zu finden, ist auch die Grundlage von Resilienz – denn nur ein Gehirn, das zwischen Fokus, Kreativität und Erholung balanciert, kann Belastung verarbeiten und sich danach regenerieren. Nach der Pandemie wurde viel über Resilienz gesprochen – aber was bedeutet das neurobiologisch? Untersuchungen zeigen, dass Menschen, die aktiv soziale Bindungen pflegen und Sinn in ihrer Arbeit sehen, schneller aus Stressphasen zurückfinden. Ihr Gehirn reguliert Stresshormone effizienter, und Regionen, die mit Selbstreflexion und Mitgefühl verbunden sind, funktionieren harmonischer. Resilienz ist also kein angeborener „Panzer“, sondern ein trainierbares Netzwerk aus Beziehung, Sinn und mentaler Flexibilität.[57]

Wenn die Akteure im Gehirn nicht im Gleichgewicht sind

Was passiert, wenn es dir nicht gelingt, die Neurochemikalien in der Balance zu halten? Dann läufst du Gefahr, dass du und deine Teammitglieder in einem ständigen Stress- und Bedrohungsmodus feststecken. Du kannst dich nicht konzentrieren, weil dein Noradrenalin zwar hoch ist, aber durch Cortisol komplett ausgehebelt wird. Du findest nicht die nötige Ruhe, um echte Arbeitsbeziehungen aufzubauen, stattdessen bekommst du einen Tunnelblick – du siehst nur noch die potenzielle Gefahr unmittelbar vor dir und nicht mehr das große Ganze. Komplexe Entscheidungen werden so unmöglich. Und auch deine Gesundheit leidet, denn wenn dein Nervensystem so paralysiert im Sympathikus-Modus festhängt und du unter Dauer-Cortisol stehst, beeinträchtigt das deine kognitiven Fähigkeiten massiv.

Kurz gesagt: Dieser Zustand ist alles andere als gut. Schon das erste Virus, das dir begegnet, könnte dich flachlegen. Und bleibst du in diesem Modus, riskierst du einen Burn-out. Die Zahl der (offiziell gemeldeten) Burn-outs steigt weltweit kontinuierlich. Die Weltgesundheitsorganisation (WHO) schätzt, dass fast jedes fünfte Kind oder Jugendliche und jeder vierte Erwachsene im Laufe seines Lebens davon betroffen sein wird. Die Lage ist so ernst, dass die WHO den Burn-out inzwischen als Syndrom offiziell anerkennt – definiert als ein Syndrom von „chronischem arbeitsbedingtem Stress, der nicht erfolgreich bewältigt wurde“ und das „Gefühle von Erschöpfung, zunehmende innere Distanz zum Job und verringerte berufliche Leistungsfähigkeit“ einschließt.[58]

Überraschend ist das nicht. Wir erwarten von uns selbst und unseren Leuten, dass sie immer weiter funktionieren, auch am Wochenende auf E-Mails reagieren, ständig auf Abruf sind. Doch wenn wir dauerhaft auf Adrenalin und Cortisol laufen, ist unser sympathisches Nervensystem immer – „on“. Leider erlauben wir uns nur selten, in den parasympathischen Modus zu wechseln – den Zustand, der für Ruhe, Regeneration und Erholung sorgt.

57 Martin-Soelch, C. (2023). "Science Behind Resilience: A Focus on Stress and Reward", Clin Psychol Eur, 5(1): e11567.

58 World Economic Forum. Burnout: The Mental Health Pandemic.https://www.weforum.org/agenda/2019/10/burnout-mental-health-pandemic/

Eine gute Führungskraft weiß: Auf Dauer ist das sehr gefährlich. Cortisol in Schach zu halten ist oft wichtiger, als Noradrenalin hochzufahren, nur um zu zeigen, wie energiegeladen und leistungsfähig wir sind. Hin und wieder musst du deine Gehirnsysteme bewusst vom Aktionismus in den Erneuerung- und Ruhemodus schalten.

Dabei können heute auch technologische Partner helfen: Künstliche Intelligenz wird zunehmend zum Co-Piloten moderner Führung. Smarte Systeme erkennen, wenn Teams an ihre Grenzen kommen – über Kommunikationsmuster, Kalenderdaten oder Wearables, die Stresssignale erfassen.[59] So lassen sich Belastungsspitzen früh identifizieren und gezielt abfangen, bevor Überlastung entsteht – besonders in hybriden Arbeitsumgebungen, wo Erschöpfung oft unsichtbar bleibt. KI macht Empathie messbar und ergänzt Intuition um eine datenbasierte Perspektive. Sie ersetzt keine echte Führung, hilft aber, es bewusster, gesünder und vorausschauender zu gestalten.

Kahneman trifft Kermit

Wir haben bereits einige unserer wichtigsten Hirn-Akteure kennengelernt: die „Neurodingsdas", die Gedanken, Gefühle und Verhalten steuern und ausbalancieren. Aber das eigentliche Bühnenstück wird erst richtig spannend, wenn wir die beiden Hauptdarsteller betrachten, die sich ständig im Wechselspiel befinden: mal hier, mal dort, immer auf der Bühne, immer im Wettstreit um Aufmerksamkeit. Diese beiden Systeme sind in ganz unterschiedlichen Evolutionsphasen entstanden. Wenn wir ihre Rollen verstehen, wird klar, warum es so wichtig ist, dass wir als Führungskräfte ihre Aktionen regulieren können.

In der Sprache der Neurowissenschaft heißen die beiden der präfrontale Cortex und das limbische System. Um ihre Persönlichkeiten anschaulich zu beschreiben, fiel mir der Vergleich mit zwei Figuren aus der *Muppet Show* ein: Kermit der Frosch und Miss Piggy.

Das limbische System (alias Miss Piggy) ist älter, in allen Säugetieren stark ausgeprägt – und auch bei dir und deinem Team noch immer höchst aktiv. Es wird auch „paleomammalisches Gehirn" genannt, es steuert unsere Emotionen und ist gnadenlos spontan. Wenn Miss Piggy die Bühne betritt, kannst du Planen, logisches Denken und Abwägen getrost vergessen. Plötzlich ist alles Drama: emotional, spontan, chaotisch. Sie ist eine Naturgewalt, eigensinnig und meist setzt sie sich durch.

Daniel Kahneman liefert mit seinem „System 1" in *Schnelles Denken, langsames Denken* die wissenschaftliche Beschreibung dafür. Er beschreibt dieses System als das intuitive, instinktive, emotionale System. Es arbeitet schnell, benötigt keine bewussten

59 Mentis, AF.A., Lee, D. & Roussos, P. Applications of artificial intelligence – machine learning for detection of stress: a critical overview. *Mol Psychiatry* 29, 1882–1894 (2024). https://doi.org/10.1038/s41380-023-02047-6

Entscheidungsprozesse, sondern stützt sich auf Erfahrungen und das sprichwörtliche Bauchgefühl. Das limbische System in unserem Gehirn steht in enger Verbindung mit unserem Kopf- und Darmgehirn, und diese Instanzen beeinflussen einen Großteil unserer Entscheidungsfindung.[60]

Das Gegenstück ist der präfrontale Cortex (PFC): Er ist jünger, schwächer und wird oft „überstimmt". Hier entstehen Planung, komplexes Verhalten, bewusste Entscheidungen und auch die Persönlichkeit. Dem Psychologen Tim Pychyl zufolge ist der PFC „der Teil des Gehirns, der den Menschen wirklich vom Tier unterscheidet, das nur auf Reize reagiert".[61] Kahnemans „System 2" beschreibt diese Funktion folgendermaßen: Es ist analytisch, langsam, bewusst und logisch. Um es anschaulich zu machen: Dieser wichtige, rational arbeitende Teil unseres Gehirns lässt sich mit Kermit dem Frosch vergleichen. Er ist liebenswert und vernünftig, überlegt gründlich, um die richtigen Entscheidungen zu treffen, und versucht, durch Ruhe und Geduld zu überzeugen.

Wenn du die *Muppet Show* kennst, weißt du auch, dass Kermit es schwer hat, sich gegen Miss Piggy durchzusetzen. Aber die beiden gehören untrennbar zusammen in einer ständigen, intensiven Beziehung, die sinnbildlich für das Zusammenspiel zwischen limbischem System und präfrontalem Cortex steht.

Impulsgehirn versus Planungshirn

Als Führungskraft möchtest du deine Gedanken im Griff haben und in der Lage sein, schnelle und zugleich rationale Entscheidungen zu treffen. Damit du dabei nicht falsch oder übereilt entscheidest, ohne die möglichen Folgen zu bedenken, brauchst du mehr als nur dein limbisches System. Du musst deinen PFC mit ins Boot holen. Leider ist es – genau wie bei den beiden Muppet-Charakteren – oft so, dass Kermit (der PFC) schwer damit beschäftigt ist, sich gegen die viel stärkere Miss Piggy (das limbische System) durchzusetzen, die lieber sofort eine Belohnung einstreicht als mit Verzögerung auf einen versprochenen Keks zu warten.

Stell dir ein leeres Zimmer vor, in dem ein vierjähriges Kind an einem Tisch sitzt. Vor ihm liegt ein Marshmallow. Man hat dem Kind gesagt: „Wenn du ein bisschen wartest, bekommst du zwei Marshmallows. Du kannst aber auch den einen sofort essen." Kann das Kind widerstehen? Könntest du widerstehen?

---

60 Bechara, A.; Damasio, H.; Tranel, D.; Damasio, A. R. Deciding advantageously before knowing the advantageous strategy. Science, 275, 1293–1295, 1997.

61 Pychyl, Timothy A.: Solving the Procrastination Puzzle: A Concise Guide to Strategies for Change. TarcherPerigee (Penguin Random House), New York, 2013; S. 28.

Wenn du ein bisschen auf Kosten der Vierjährigen lachen willst, schau dir auf YouTube die Videos zum Stanford-Marshmallow-Experiment[62] an. Du kannst den Kindern dabei zusehen, wie sie mit sich selbst ringen.

Die Forschung hinter dem berühmten Experiment von 1972 (natürlich sehr viel detaillierter als ich es hier erzähle) zeigt spannende Ergebnisse. Am meisten diskutiert war die Erkenntnis, dass die Kinder, die schon mit vier Jahren in der Lage waren, auf die Belohnung (den zweiten Marshmallow, den „Keks" von oben) zu warten, später erfolgreicher wurden. Die erste Nachfolgestudie von 1988 ergab, dass „Vorschulkinder, die die Belohnung länger hinauszögerten, mehr als zehn Jahre später von ihren Eltern als deutlich kompetenter beschrieben wurden".[63] Spätere Untersuchungen zeigten außerdem, dass sie auch bessere SAT-Ergebnisse (bei US-College-Aufnahmetests) erzielten.

Dieses Experiment hat jedoch eine spannende Fortsetzung, die besonders für Führungskräfte interessant ist: Dabei ging es um Vertrauen. Im Jahr 2012 veränderte die University of Rochester das Experiment, indem sie die Kinder in zwei Gruppen teilte. In einer Gruppe gab es vor dem Test eine Situation, in der ein *Versprechen gebrochen* wurde (*kein* zweites Marshmallow!), die andere Gruppe erlebte vor dem Test eine Situation mit einem *eingehaltenen Versprechen.* Das Ergebnis: Die Kinder mit der erfüllten Zusage warteten bis zu viermal länger (12 Minuten) auf den zweiten Marshmallow als die Kinder, deren Vertrauen zuvor enttäuscht wurde (gebrochenes Versprechen). Damit geraten die ursprünglichen Ergebnisse ins Wanken: Vielleicht ist nicht nur Selbstkontrolle entscheidend für Erfolg, sondern ebenso – oder sogar noch mehr – Vertrauen. Vertrauen gibt uns innere Stärke, um das ältere, limbische Gehirn in Schach zu halten, das sofort die Belohnung will.

Was passierte in neurowissenschaflicher Hinsicht im Kopf der armen Kinder? Genau das, was in unseren eigenen Köpfen jeden Tag abläuft: Miss Piggy will den Marshmallow sofort, während Kermit (der ausdrücklich angewiesen wurde, zu warten) alles versucht, um sie zu bremsen. Sie lieben sich, aber sie ringen ständig miteinander – unmittelbare Belohnung gegen verzögerte Belohnung.

Wenn du jetzt glaubst, du selbst würdest natürlich widerstehen können, halte kurz inne: Wie oft hast du allein während des Lesens dieses Kapitels auf dein Handy geschaut? Nachrichten gecheckt? Dich über ein Ping gefreut?

So einfach ist es gar nicht, den digitalen Verführungen zu widerstehen. Versuch's doch mal:

---

62 Mischel, W.; Ebbesen, E.B. Attention In Delay Of Gratification. J Pers Soc Psychol. 16(2):329–337, 1970.

63 W. Mischel, Y. Shoda, M. L. Rodriguez, Delay of Gratification in Children, in: Science 244 (4907), 1989, S. 933–938.

Übung: Ein Monat ohne Cookies

- Setze dir eine Woche lang feste Zeitlimits für die Handynutzung außerhalb der Arbeitszeit.
- Beobachte, wie oft du auf Pings und Benachrichtigungen reagierst.
- Alternative (eine Spur härter): Schalte alle Benachrichtigungen auf stumm – und schau, wie lange du durchhältst, ohne sie wieder einzuschalten.

Beobachte, wie leicht es dir fällt, auf solche sofortigen Belohnungen zu verzichten. Und denk dabei an dein vierjähriges Ich!

Wie man einen Tiger zähmt

Es gab eine Zeit, zu der wir Menschen tatsächlich von Säbelzahntigern bedroht wurden. Das ist schon eine ganze Weile her – damals, als wir noch in Höhlen lebten. Sobald wir einen Tiger sahen, musste unser Gehirn sofort reagieren, blitzschnell, um uns zu retten. Es schaltete auf *Kampf oder Flucht* und versetzte den Körper in höchste Alarmbereitschaft. Erinnerst du dich an die Neurochemikalien vom Anfang des Kapitels? Unser sympathisches Nervensystem schüttet Cortisol, Adrenalin und Noradrenalin aus. Unser Körper reagiert mit Stress, Angst, erhöhtem Puls, hohem Blutdruck – und wir entwickeln einen Tunnelblick. Die Reaktionen unseres Gehirns waren damals absolut überlebenswichtig, weil wir unsere volle Aufmerksamkeit auf den Tiger richten mussten.

Heute sehen unsere größten Bedrohungen anders aus: Ein kleines Kind rennt bei Rot über die Straße und wir müssen scharf bremsen. Oder der Chef brüllt uns an. Beides hat auf unser Nervensystem die gleiche Wirkung wie damals der Tiger – und ruft dieselben instinktiven Reaktionen von Gehirn und Körper hervor.

Das autonome Nervensystem (ANS) steuert viele automatische Körperprozesse wie Atmung, Temperatur, Schlaf oder Wachsein – und das meist unbewusst. Es besteht aus den zwei Systemen

- dem parasympathischen System (Ruhe und Entspannung),
- und dem sympathischen System (Kampf oder Flucht).[64]

Beide sind lebenswichtig – und beide haben ihre eigenen Neurodingsdas.

Der Nachteil am Dauermodus Sympathikus: Immunsystem und kognitive Fähigkeiten sind nicht voll funktionsfähig. Neurogenese (der Aufbau neuer Nervenzellen) verlangsamt sich, wir sind nicht in der Lage, bedeutungsvolle Beziehungen aufzubauen, und ein ständiger Stresszustand beeinträchtigt unsere Fähigkeit, klar zu denken oder kreativ zu sein.

64 Buijs, R.M. The autonomic nervous system: a balancing act. Handb Clin Neurol. 117:1–11, 2013. doi:10.1016/B978-0-444-53491-0.00001-8

Wie wir schon beim Marshmallow-Experiment gesehen haben (und du spätestens im Monat ohne Handy-Benachrichtigungen spüren wirst): Stress bringt die beiden Hauptdarsteller in unserem Gehirn aus dem Gleichgewicht.

Wenn Cortisol die Kontrolle des präfrontalen Cortex (PFC) aushebelt, wird das limbische System direkt aktiviert und Folgendes passiert

- eine spontane emotionale Reaktion wird ausgelöst,
- es kommt zum Amygdala Hijack,[65]
- das Resultat bedeutet Wut, Frustration, Angst[66].

Das ist kein guter Zustand, weder für dich als Führungskraft noch für dein Team.

Der Stressmodus ist zwar überlebenswichtig und hilft, uns in Gang zu bringen, um neue Aufgaben anzugehen, aber wir müssen sicherstellen, dass wir selbst und unser Team regelmäßig auch in den zweiten Modus wechseln: den Parasympathikus.

Das parasympathische System ist der Modus, in dem wir uns ausruhen, entspannen, verdauen und neue Verbindungen in unserem Gehirn bilden. Es verfügt über eigene Neurochemikalien, die bei seiner Aktivierung freigesetzt werden – dazu zählen Oxytocin, Dopamin und Serotonin, also die Wohlfühl-, Glücks- und Liebeshormone. Im parasympathischen Modus arbeitet unser Immunsystem optimal, und wir sind weniger anfällig für Infekte. Kreativität, Neuroplastizität, Lernen, Beziehungsgestaltung und Bindung finden nur statt, wenn unser Gehirn genügend Zeit in einer solchen Phase verbringt.

Die beiden Systeme Sympathikus und Parasympathikus befinden sich ständig im Gleichgewicht der Kräfte. Genauso wie PFC und limbisches System. Es ist das ewige Spiel von Gut und Böse, Yin und Yang. Miss Piggy und Kermit kämpfen um den Keks, während Sympathikus und Parasympathikus Bedrohung und Belohnung, Angst und Freude sowie Motivation und Prokrastination ausbalancieren. Als Führungskraft ist es entscheidend, deine parasympathische Antwort bewusst zu stärken.[67] Wenn du Lust hast, probiere die folgende einminütige Übung aus.

Übung

Innehalten, um den Parasympathikus zu aktivieren

Diese Lieblingsübung von mir ist angelehnt an Richard E. Boyatzis, *Primal Leadership*, gezeigt beim World Business and Executive Coach Summit 2019.)

1. Schließe die Augen.

---

65 Ressler, K.J. Amygdala activity, fear, and anxiety modulation by stress. Biol Psychiatry. 67(12):1117–9, 2010. doi:10.1016/j.biopsych.2010.04.027

66 Banks, S.J.; Eddy, K.T.; Angstadt, M.; Nathan, P.J.; Phan, K.L. Amygdala-frontal connectivity during emotion regulation. Soc Cogn Affect Neurosci. 2(4):303–312, 2007. doi:10.1093/scan/nsm029

67 Siegel, Daniel J. (2022). *Das achtsame Gehirn: Neurobiologie, Gehirnforschung, Therapie und Lebenshilfe*. Arbor.

2. Denk an eine Person, die etwas für dich getan hat, wodurch dein Leben geprägt wurde, und das dich bis heute beeinflusst. Das kann ein Familienmitglied, ein Mentor oder jemand sein, den du nur einmal, vielleicht auf einer Bühne, sprechen gehört hast.
3. Stell dir genau diesen Moment vor. Spüre nach, wie es sich damals angefühlt hat.

Halte den Gedanken für ein paar Sekunden fest.

Was ist in der Übung passiert? Dein Gehirn war rund 45 Sekunden im Triple-R-Modus (Rest-Relax-Reward, Ruhe – Entspannung –Belohnung). Du hast deinen Parasympathikus aktiviert.

Wie hat es sich angefühlt? Gut, oder? Ruhig, positiv, kraftvoll. In diesem Moment hast du Glücks-Neurochemikalien ausgeschüttet – die dich als Führungskraft sofort unterstützen. Dein Team wird spüren, dass du mit dir im Reinen bist und wirklich präsent bist. Es wird dir zuhören wollen und ist bereit, sich zu engagieren.

Energie sparen oder Neuronen aufbauen?

Wir haben gesehen, wie wichtig es ist, die richtigen Neurochemikalien zu aktivieren und die Balance zwischen den Systemen in unserem Gehirn zu halten. Was ist noch wichtig? Genau das, was du gerade eben in der kurzen Übung gespürt hast: langsamer werden.

Auch wenn unser Gehirn ständig „an“ ist, können und sollten wir nicht permanent lernen, Neues aufnehmen oder aktiv in einer Aufgabe stecken. Warum nicht? Weil das nicht der natürliche Dauerzustand unseres Gehirns ist. Unser Gehirn wiegt weniger als 1,5 Kilo, verbraucht aber 20 Prozent der gesamten Energie unseres Körpers[68] – und es braucht besonders viel Energie, wenn wir Entscheidungen treffen oder komplexe Situationen bewältigen.

Claude Messier, Psychologieprofessor an der University of Ottawa in Ontario, und Alexandria Béland-Millar, Doktorandin in seinem Labor, beschreiben es so:

„Unser Gehirn ist immer auf irgendeiner Ebene aktiv – selbst dann, wenn wir gerade keine Aufgabe erledigen. Aber es benötigt mehr Energie, wenn wir etwas tun, das Konzentration erfordert, wie Bewegung, Sehen oder Denken. Neurowissenschaftler haben die faszinierende Beobachtung gemacht, dass beim Erlernen von etwas völlig Neuem eine Vielzahl von Hirnarealen aktiv wird (Neuroplastizität*).*“[69]

Unser Gehirn spart gerne Energie und schaltet daher lieber in einen bequemen Modus, in dem keine Anstrengung erforderlich ist, um eine Gewohnheit zu ändern,

---

68 Du, F.; Zhu, X.-H.; Zhang, Y.; Friedman, M.; Zhang, N.; Uğurbil, K.; Chen, W. Tightly coupled brain activity and cerebral ATP metabolic rate. PNAS, 105(17):6409–6414, 2008. doi:10.1073/pnas.0710766105

69 Scientific American. Does the Brain Use More Energy During Particular Activities? https://www.scientificamerican.com/article/does-the-brain-use-more-energy-during-particular-activities/

etwas Neues zu lernen, eine Handlung zu beginnen oder kreativ zu sein. All das erfordert, dass neue Nervenzellen wachsen und neue Verbindungen entstehen (Neuroplastizität).[70] Das ist mühsam – das Gehirn muss sozusagen angestupst und davon überzeugt werden, diesen Schritt zu gehen.

Damit dein Gehirn in einen anderen Energiemodus schalten kann, musst du ihm Ruhe gönnen – weg von zu viel fokussierter Aktivität. Idealerweise hilfst du auch deinem Team dabei, seine Energie und damit auch das Gehirn seiner Mitglieder bewusst zu modulieren.

Übung
Langsamer werden
Schlaf ist essenziell – und kurze Nickerchen haben sich als äußerst hilfreich erwiesen, um Erholung und Entspannung zu fördern.
Räume dein Umfeld von unnötigem Ballast frei, damit dein Gehirn weniger Reize verarbeiten muss.
Gönn dir ein paar Minuten Tagträumen, während du dir die Zähne putzt oder unter der Dusche stehst.
Mach eine mentale Pause, wenn du beim Abendessen die Gurke schneidest.
Nimm dir die Zeit, zu verstehen: Inaktivität ist gesund – und enorm produktiv für dein Gehirn.
Weitere Beispiele, wie du deinem Gehirn kleine Pausen gönnen kannst, findest du in Kapitel 6.

Werde zu einer charismatischen Führungspersönlichkeit

> „Authentizität ist die Übereinstimmung von Kopf, Mund, Herz und Füßen – konsequent dasselbe denken, sagen, fühlen und tun. Das schafft Vertrauen, und Menschen lieben Menschen, denen sie vertrauen können." Lance Secretan[71]

Was brauchst du, um ein wirklich guter Leader zu werden? Wie kannst du sicherstellen, dass deine Führung von Vertrauen, Motivation und Sinn geprägt ist? Wie wird man zu einem charismatischen Menschen, der alle Generationen inspiriert – Millennials und Generation Z motiviert und ebenso einen Mehrwert für die älteren Generationen schafft? Wie kann man den unterschiedlichen Bedürfnissen ihrer Gehirne gerecht werden?

Die Grundlagen haben wir in den letzten Kapiteln kennengelernt. Wir wissen, wie wir Stress vermeiden, die positiven Neurochemikalien „einschalten" und die richtigen Akteure auf die Bühne holen können, um den Film spannend, witzig oder actiongeladen zu gestalten. Wir wissen, wie wir unsere „hirnigen Teile" managen, wie wir Miss Piggy und Kermit ins Spiel bringen und unsere Neurodingsdas aktivieren.

---

70 Shaffer, J. Neuroplasticity and Clinical Practice: Building Brain Power for Health. Front Psychology, 7:1118, 2016. doi:10.3389/fpsyg.2016.01118

71 Lance Secretan, One: The Art and Practice of Conscious Leadership, Wiley, 2006.

Wir verstehen, dass wir zwischen stressgeladenen Action-Modi und dem Ruhe-und-Entspannungs-System einen Ausgleich schaffen müssen.

Es gibt jedoch noch einen weiteren, grundlegenden Baustein: Wir müssen authentische, charismatische Führung verkörpern, sie ausstrahlen und leben. Es reicht nicht aus, unseren präfrontalen Cortex zu stärken, unsere Emotionen zu kontrollieren und unsere Neurochemikalien im Griff zu haben. **Wir müssen authentische Führungspersonen sein, denen Menschen zuhören, und denen sie folgen wollen.**

Während meines Medizinstudiums habe ich mich hoffnungslos in einen meiner Professoren verliebt. Natürlich blieb diese Liebe unerwidert, aber es war meine erste Erfahrung, mich in einen charismatischen Leader zu verlieben. In dieser stürmischen, einseitigen und nur in meinem Kopf existierenden Liebesgeschichte floss reichlich Oxytocin. Ich bewunderte diesen Mann und hätte ohne zu zögern mein Land, mein Studium und mein Zuhause aufgegeben, um mit ihm an den Nordpol zu ziehen. Sein Einfluss auf mich beruhte nicht auf gutem Aussehen, Macht oder Intelligenz, sondern auf seinem Charisma.

Der zweite charismatische Leader[72], dem ich begegnete, hat meine Karriere mit einer einfachen E-Mail maßgeblich beeinflusst. Sie gab mir den Mut, eine neue, herausfordernde Rolle in einer anderen Kultur anzunehmen. Seine knappen Zeilen waren für meine Motivation und mein Gefühl von „Purpose“ transformierend. Er schrieb: „Viel Erfolg, Martina. Ich bin sicher, du wirst in deiner neuen Rolle erfolgreich sein.“ Und weil diese Person für mich so inspirierend war, befeuerten ihre Worte mein Gehirn mit all den guten Neurodingsdas, die Motivation, Mut und Handlung hervorrufen.

Was macht für dich eine charismatische Führung aus?

Dale Carnegie vermittelt in seinem 1936 geschriebenen Bestseller *Wie man Freunde gewinnt. Das einzige Buch, das du brauchst, um beliebt und einflussreich zu sein*[73] zentrale Aussagen, die wir seit frühester Kindheit kennen. Es geht um Empathie und soziale Intelligenz:

- Nicht kritisieren, klagen oder urteilen
- Andere ermutigen zu sprechen – und ihnen zuhören
- Respekt zeigen für andere und ihre Meinungen
- Bescheiden sein: eigene Fehler zugeben.

Genau dies muss eine charismatische Führungsperson in der Praxis umsetzen, „leben“. Doch warum ist es so schwer, Empathie und soziale Intelligenz zu zeigen?

72 Novitasari, D., Haque, M. G., Supriatna, H., Asbari, M., & Purwanto, A. (2021). Understanding the Links between Charismatic Leadership, Intrinsic Motivation and Tacit Knowledge Sharing among MSME Employees. *International Journal of Social and Management Studies, 2*(3), 1–13. https://doi.org/10.5555/ijosmas.v2i3.29

73 Carnegie, D. Wie man Freunde gewinnt. Das einzige Buch, das du brauchst, um beleibt und einflussreich zu sein. (2023) Fischer Taschenbuch.

Hier kommen wir wieder zur Herausforderung zurück, unser Gehirn zu *managen*. Wir müssen komplexe Situationen richtig einschätzen können, bescheiden bleiben, gut zuhören und nicht urteilen. Diese Fähigkeiten erfordern einen starken präfrontalen Cortex und eine trainierte Emotionskontrolle.

Charisma ist die Fähigkeit, die biologischen Grundlagen von Leadership zu entwickeln und im Gleichgewicht zu halten – gepaart mit Authentizität, um wirklich inspirierend und visionär zu sein.

Nach Ansicht des Soziologen Max Weber ist Charisma göttlichen Ursprungs und eine „Gabe der Gnade".[74] Diese Gnade besteht darin zu erkennen: Ein besseres Gehirn muss individuell geformt werden – abgestimmt auf die Fähigkeiten, Wünsche und Träume der Menschen, aber auch auf die Erwartungen ihrer Generation. Gnade bedeutet auch, dass Führungskräfte die drei Gehirne ausbalancieren und entwickeln können – und dabei authentisch bleiben in den Rollen, die sie übernehmen.

Eine charismatische Führung, die aufgrund dieser Gnade führt, kann Organisationen transformieren, indem sie Mitarbeitende zu höchstem Engagement motiviert. Sie inspiriert, indem sie hilft, das eigene Gehirn und das seiner Mitarbeiter ins Gleichgewicht zu bringen. Klar ist aber auch: Charisma kann missbraucht und manipuliert werden. Man kann ein charismatischer Leader sein – und sich der *dunklen Seite* zuwenden (zum Beispiel Darth Vader in *Star Wars*, der sich jedoch zum Glück am Ende der ersten Trilogie doch noch von der dunklen Seite der Macht abwenden durfte!).[75]

Es gibt Belege dafür, dass Charisma lehr- und lernbar ist.[76] Wie jede andere Fähigkeit kann man Charisma erwerben.[77] Als ich einmal einen Workshop mit einem Executive-Team leitete, betrat der CEO den Raum und begann zu sprechen. Zehn Sekunden später sagte er: „Oh, Moment, ich habe etwas vergessen." Dann holte er sein Handy aus der Tasche, schaltete es aus und legte es auf den Tisch. „Entschuldigung, ich habe vergessen, es vorher abzuschalten." Einen Moment später folgten die anderen seinem Beispiel. Sie legten ihre Telefone weg oder schalteten sie aus.

Diese charismatische Person hatte gerade ihr Belohnungszentrum ausgeschaltet. Sie reduzierte die Wahrscheinlichkeit, dass ihr Kampf-oder-Flucht-Modus durch eine eingehende Gefahr aktiviert wird (zum Beispiel ein Anruf oder ein Facebook-Like-Pling). Dieser Mensch zeigte seinen Leuten, wie sie ihre eigenen Tiger zähmen können. Und es flossen jede Menge positiver Neurochemikalien durch den Raum. Für mich war das ein brillantes Beispiel für charismatische Führung. Die Schritte auf dem

74 Max Weber, Wirtschaft und Gesellschaft, Kapitel III. Die Typen der Herrschaft, § 10: Charismatische Herrschaft, vermutlich verfasst 1919–20.

75 Fragouli, E. The dark-side of charisma and charismatic leadership. The Business and Management Review, 9(4), July 2018. University of Dundee, UK.

76 Antonakis, J.; Fenley, M.; Liechti, S. Learning Charisma. Harvard Business Review. https://hbr.org/2012/06/learning-charisma-2/

77 Weber, M. Wirtschaft und Gesellschaft. https://link.springer.com/chapter/10.1007/978-3-531-90400-9_129 (zuletzt abgerufen am 11.11.2025)

Weg dorthin – die Zutaten für Erfolg – müssen sicherstellen, dass der Weg zum Ziel von Gefühlen der Vorfreude und Belohnung erfüllt ist. Das Gehirn unterstützt diese Emotionen, indem es Neurochemikalien wie Dopamin, Serotonin und Oxytocin ausschüttet.

In deinem Gehirn gibt es eine ganze Reihe von Akteuren, die ständig auf der Bühne sind und Tag für Tag dieselben Dramen spielen. Wenn du lernst, über sie Regie zu führen, kannst du ihre Talente in deinem Führungsalltag einsetzen und noch dabei Spaß haben.

Jede Führungskraft hat natürliche Tendenzen, die sie kombinieren kann. Darüber hinaus kann sie neue Fähigkeiten entwickeln, erlernen und erwerben. Im nächsten Kapitel werden wir uns damit beschäftigen, welche Hüte wir aufsetzen und welche Fähigkeiten wir entwickeln können, um unseren eigenen, individuellen Typ charismatischer Führungspersönlichkeit umzusetzen.

Kapitel 4
Führungsstil wechseln – einfach ausprobieren!

„Das Herzstück großartiger Führung ist ein neugieriger Verstand, ein neugieriges Herz und ein neugieriger Geist." Chip Conley[78]

Jane hatte den Ruf, eine starke Frau zu sein – und sie sah auch so aus. Ihr langes blondes Haar war immer makellos gestylt, selbst morgens um fünf, wenn wir gemeinsam in einen unserer vielen internationalen Flüge stiegen. Voller Energie betrat sie Meetings – und konnte jemanden auf der Stelle feuern. Sie war direkt, oft an der Grenze zur Unhöflichkeit, und unterbrach dich ohne Zögern, wenn du nicht schnell genug auf den Punkt kamst. Und wehe, jemand hatte vergessen, ihr vor Beginn des Meetings einen großen Soja-Latte mit doppeltem Espresso-Shot hinzustellen. Sie war berühmt für ihre Launen und von allen gefürchtet – was mich anfangs sehr vorsichtig machte. Am Schluss mochte ich sie wirklich gern.

Als ich ins Unternehmen kam und erfuhr, dass sie meine Geschäftspartnerin und Quasi-Vorgesetzte werden würde, war ich ehrlich gesagt nervös, denn ihr Ruf war ihr vorausgeeilt. Doch in zwei langen, anstrengenden Jahren des organisatorischen Umbruchs konnte ich zusehen, wie Jane auf magische Weise wirkte.

Ja, Jane war dominant und direkt. Man wusste immer, was sie wollte – sie machte es unmissverständlich klar. Sie setzte ehrgeizige Ziele und war unerbittlich, wenn es darum ging, dafür zu sorgen, dass sie auch erreicht wurden. Während der feindseligen und zeitraubenden Übernahme unserer Firma dachte sie nicht an sich selbst, sondern richtete ihre ganze Aufmerksamkeit darauf, für ihre Leute den bestmöglichen Deal herauszuholen. Obwohl klar war, dass das Unternehmen verkauft wurde und Menschen ihre Jobs verlieren würden, nahm sie sich die Zeit, mit jedem einzelnen Executive im Führungsteam zu sprechen, um herauszufinden, was er oder sie brauchte und wen sie miteinander vernetzen könnte. Zu diesem Zeitpunkt wusste sie längst, dass sie selbst ihren Job verlieren würde.

Ganz gleich, wem sie begegnete – ob einer Putzkraft in der Kantine oder einem Kollegen nach einem zehnstündigen Flug – sie behandelte jeden mit Respekt, Aufmerksamkeit und echter Wertschätzung. Sie bot dir einen Kaffee an und wusste über die Familienverhältnisse derer Bescheid, die die routinemäßigen Aufgaben erledigten. Sie baute zu jedem eine warme, aufrichtige Verbindung auf und war ehrlich interessiert – an jedem einzelnen Menschen.

Etwas anderes fiel besonders auf: Sie hatte eine unglaubliche Fähigkeit, Menschen zu inspirieren – es war Magie. Sie hatte eine Vision und Werte, an die man wirklich glauben konnte und hinter denen man stehen wollte. Sie war absolut authentisch und der Inbegriff einer charismatischen Persönlichkeit. Die Art und Weise, wie

78 "2011: The Year of Curiosity" By Chip Conley, www.huffingtonpost.com. December 20, 2010.

https://doi.org/10.1515/9783112234099-005

sie führte, begeisterte mich. Rückblickend würde ich sagen: Sie hatte wahrscheinlich die beste und interessanteste Kombination an Führungsstilen, die ich je erlebt habe. Natürlich hatte sie auch ihre Schwächen, denn ein guter Leader muss nicht perfekt sein.

Drei Hüte für ein besseres Gehirn

Einige Führungskräfte sind fürsorglich, kümmern sich um ihre Mitarbeitenden und achten auf deren Wohlergehen. Diese „Gärtner-Typen" fördern Harmonie und Wohlbefinden und helfen ihrem Team, stark zu werden. Ich habe aber auch Führungskräfte gesehen, die einen kühlen, Stil haben und wie ein distanzierter Captain unermüdlich vorwärts steuern, ohne nach rechts oder links zu schauen. Sie kennen die Strategie genau und treiben sie unnachgiebig voran. Und dann gibt es noch eine dritte Gruppe: die chaotischen, aber charismatischen Magier. Sie haben keinen klaren Plan, dafür aber jede Menge Ausstrahlung. Menschen folgen ihnen, weil sie inspirierend, charmant oder beeindruckend sind.

Jeder hat einen natürlichen Führungsstil, den ich gern mit den genannten Typen des Gärtners, Magiers oder Captains vergleiche. Zusätzlich bringt jede Führungsperson Elemente aus allen drei Stilrichtungen mit. So hat jede Persönlichkeit fürsorgliche und unterstützende Seiten, ähnlich dem Gärtner. Viele verfügen über inspirierende Fähigkeiten, ähnlich dem Magier, und haben richtungsweisende Qualitäten, ähnlich dem Captain, der Pläne macht, Strategien vorgibt und ein sicherer Hafen für das Team ist. Wenn wir uns dieser natürlichen Neigungen bewusst werden, können wir sie stärken, die dazu passenden Neurodingsdas verwenden und sie zum Wohl von uns selbst und unserem Team einsetzen.

Jeder Leader hat die Fähigkeit – und oft auch die Neigung – bestimmte Neurochemikalien im Gehirn seiner Leute stärker anzusprechen und sie zu seinen Vorteil und dem des Teams zu nutzen:

- Die Neurodingsdas des Gärtners sind Serotonin und Dopamin. Er schafft die richtigen Rahmenbedingungen, damit Menschen aufblühen können. Er sorgt für Work-Life-Balance, für die Verbindung von Körper und Geist (Ernährung, Nootropika (potenziell Gehirn-stimulierende Substanzen, vgl. Seite 102 und folgende, Darmmikrobiom), achtet auf Ruhephasen und Bewegung. Zu seinen Werkzeugen zählt alles, was uns in eine gesunde Balance bringt: Meditation, Tagträumen, Spaziergänge mit dem Hund oder ein Dankbarkeitstagebuch.
- Der Magier arbeitet mit Oxytocin. Für ihn dreht sich alles darum, Emotionen wahrzunehmen und Vertrauen zu schaffen. Damit stiftet er Sinn, inspiriert und hilft, Träume zu visualisieren. Visualisierung ist sein mächtigstes Werkzeug. Manchmal nutzt er dazu sogar den „kosmischen Bestellservice", damit Wünsche Realität werden (s. Kapitel 7).

– Die Neurodingsdas des Captains sind Noradrenalin, Endorphine und Dopamin, die den Belohnungskreislauf aufrecht erhalten. Der Captain gibt Richtung und Strategie vor, schafft Sicherheit und schützt das Team. Das erzeugt Mut, Fokus, Aufmerksamkeit und Tatkraft. Er aktiviert den präfrontalen Cortex um zu planen, Entscheidungen zu treffen und das Schiff sicher zu steuern.

Ich wurde engagiert, um den CEO einer bekannten Non-Profit-Organisation zu coachen. Für unsere erste Session traf ich ihn an einem sehr dunklen, matschigen Herbsttag im Norden Londons. Gary war Mitte dreißig, ein cooler, entspannter Typ. Er schlug vor, dass wir für unsere zweistündige Session spazieren gehen. Also liefen wir los. Wir liefen bis zu einem Wald am Stadtrand von London. Wir liefen und redeten – ein paar Kilometer. Dann noch ein paar. Und noch ein paar mehr. Elf Kilometer später (und mit Blasen an den Füßen, die tagelang nicht verschwanden!) beendeten wir unsere erste Coachingsitzung.

In den folgenden Monaten konnte ich beobachten, wie Gary genau diesen „Captain"-Stil auch bei seinen Leuten umsetzte Er erstellte großartige Agenden für Workshops und schickte sie mir zur Rückmeldung. Ich flehte ihn regelrecht an, Pausen einzuplanen. Für Essen zu sorgen. Erholungsphasen zu gönnen zwischen den fünf Teamaktionen, die er für das Abendessen geplant hatte. Wenn ein Captain niemanden an seiner Seite hat, der ihn daran erinnert, auch die fürsorglichen Fähigkeiten eines Gärtners einzubringen, dann brechen seine Leute auf dem Weg zum Ziel irgendwann zusammen.

Genauso gilt: Wenn du eine starke Tendenz zu einer der Rollen hast (Gärtner, Magier oder Captain), dann solltest du dein Team mit neuen Leuten, die die fehlenden Neigungen mitbringen, ergänzen.

Diese Ergänzung betrifft nicht nur unterschiedliche Führungsstile, sondern auch verschiedene Denkweisen. Genau hier spielt Neurodiversität eine entscheidende Rolle, die weit mehr ist als nur ein Trend – sie stellt eine echte Chance für modernes Leadership dar. Unterschiedliche Denkweisen, die etwa Menschen mit ADHS, Autismus oder Hochsensibilität mitbringen, bereichern das Team durch andere Wahrnehmungen, kreative Strategien und neue Mustererkennungen. Diese sind entscheidend, um blinde Flecken in der Gruppe aufzudecken, Risiken frühzeitig zu erkennen und echte Innovationen jenseits konventioneller Denkpfade zu ermöglichen. Statt Mitarbeitende anzupassen, geht es darum, ihre individuellen Stärken anzuerkennen und gezielt zu fördern. So entsteht eine Arbeitswelt, die nicht nur vielfältiger und inklusiver ist, sondern in der Menschen sich zugehörig fühlen und Innovationen entstehen können.[79] Für Führungskräfte bedeutet das: Verstehen, wie wichtig es ist, Räume zu

79 McDowall, Almuth.; Doyle, Nancy.; Kiseleva, Meg. (2023): Neurodiversity at Work 2023. Birkbeck, University of London. Projektbericht. Verfügbar online: https://eprints.bbk.ac.uk/50834

schaffen, in denen neurodiverse Talente ihr Potenzial entfalten – denn genau darin liegt die Kraft für nachhaltigen Erfolg und echte Verbindung im Team.

Gary stellte dann zum Beispiel einen Marketing- und Kommunikationsspezialisten ein, der von seiner Neigung her am liebsten hinter seinem Computer saß, LinkedIn-Beiträge verfasste, T-Shirts entwarf und Kampagnen aufsetzte. Dieser Mensch entpuppte sich als so inspirierend, dass er eine Vision entwarf die alle erreichen wollten. Heute hat das Team eine deutlich bessere Balance: ein perfekter Magier ergänzt den Captain.

Es geht nicht immer nur um Dich

Ich glaube, ich bin von Hause aus ein Gärtner. Während meiner Karriere in verschiedenen Ländern und Kulturen waren meine ersten Fragen bei jedem großen Meeting immer dieselben: Wie geht es dir? Wie geht es deiner Familie? Lebst du gut, bist du gesund, glücklich, hast du Hobbys, die dich begeistern? Wenn ich Besprechungen mit meiner Assistentin organisierte, kümmerte ich mich gerne auch um die Verpflegung, die Pausen und soziale Aktivitäten. Ich ließ meine Leute die Agenda mitgestalten.

In Wahrheit wollte ich aber immer ein Magier sein – die Fähigkeit zu inspirieren fasziniert mich. Vielleicht (hoffentlich) entwickelt sich diese Gabe mit dem Alter – sie hängt oft mit der Gelassenheit und Autorität zusammen, die ältere, erfahrene Menschen ausstrahlen.

Übrigens hören diese Rollen nicht im Büro auf. Auch im Privatleben ist eine Mischung aus verschiedenen Rollen oft sehr nützlich. Mein Partner und ich haben keine Kinder, aber diesen leicht verrückten Cockapoo namens Milly. Ich wollte den Hund ursprünglich nach Montessori erziehen – mit Vertrauen, Liebe und ganz ohne Zwang – bis Milly fast das Kaninchen des Nachbarskindes fraß. Wir mussten lernen: Ein bisschen Captain tut manchmal gut. Führung bedeutet Balance: Es geht nicht nur um deinen Stil, sondern um das, was deine Leute (oder dein Hund) brauchen.

Ich arbeitete mit einem Teamleiter namens Akira in Japan zusammen. Er war ein Fachexperte, Hochschulprofessor und vom Stil her klar ein Gärtner. Aus organisatorischen Gründen brauchten wir jedoch dringend einen Medizinischen Direktor für dieses Land. Ich fragte Akira, ob er sich vorstellen könne, die gesamte Funktion zu leiten, doch er lehnte diese Beförderung ab. Als typischer Gärtner fühlte sich Akira weder inspirierend wie ein Magier noch wollte er ein autoritärer Captain sein. Einen Monat später nahm er die Rolle dann doch mit etwas Ermutigung an, wenn auch widerwillig und interimistisch.

Einige Monate nach seinem Amtsantritt erzählte mir Akira, dass dies der beste Job seines Lebens sei. Er hatte seine Fähigkeiten als Gärtner genutzt, einen Glücksindex für sein Team erstellt, dessen Leistung sich deutlich verbesserte. Dann entdeckte er plötzlich seinen inneren Magier und Captain. Indem er seine fürsorglichen und nährenden Eigenschaften einsetzte, sorgte er dafür, dass sein Team genug Raum hatte, um sich sicher zu fühlen. Anschließend konnte er mit seinen strukturierten und ordnungsliebenden Eigenschaften die Richtung vorgeben. Er nutzte all seine natürlichen Stärken, sogar jene, von denen er nichts wusste.

Manchmal sind wir mehr, als wir glauben. Es ist großartig, wenn wir selbst einen Blick auf unsere verborgenen Möglichkeiten erhaschen – und anderen helfen, ihre eigenen zu entdecken.

Maslow trifft SCARF

Jeder der drei Führungsstile Gärtner, Magier und Captain bringt seine eigenen Stärken, aber auch Schwächen mit. Der Magier ist oft hoch charismatisch, doch genau darin liegt auch die Gefahr: Er kann seine natürlichen Kräfte missbrauchen, Menschen manipulieren und ins Demagogische abgleiten. Der Gärtner schafft Geborgenheit. Sein fürsorglicher Stil nimmt Ängste und reduziert Stress. Wer die Bedürfnisse anderer über die eigenen stellt, vermittelt echte Hingabe, und die Mitarbeitenden fühlen sich gesehen und umsorgt. Aber Vorsicht: Zu viel Fürsorge kann auch dazu führen, dass man ausgenutzt wird. Der Captain wiederum bringt die Kraft zur Umsetzung mit: Er ist entschlossen, trifft klare Entscheidungen und handelt zielgerichtet. Das ist unverzichtbar, um eine Strategie auch wirklich zum Ziel zu führen. Ohne Gegenpol kann dieser Stil jedoch leicht bedrohlich und zu dominant wirken.

Ganz gleich, welcher Hut dir besten steht: Jede Führungsrolle muss anerkennen, dass bestimmte Grundbedürfnisse universell sind:

- Von Maslow bis zur Generation Y und Z: Sicherheit bleibt das Fundament.
- Selbstverwirklichung und Sinn gehören längst zu Maslow 2.0.
- Wir alle möchten die Art von charismatischen Führungspersönlichkeiten sein, die andere inspirieren und Vertrauen schaffen.

Genau darin liegt die Herausforderung von *Maslow 2.0* im Geschäftsleben. Um zu verstehen, wie die drei Führungsstile dir dabei helfen können, diese Herausforderungen zu bewältigen, lohnt sich ein Blick auf einige zentrale Erkenntnisse aus der sozialen Neurowissenschaft über die Art und Weise, wie Menschen miteinander interagieren.

1. Vieles, was unser Sozialverhalten antreibt, folgt einem einzigen übergeordneten Mechanismus: Bedrohung minimieren, Belohnung maximieren.[80] Unser Verhalten wird stets von diesem Grundprinzip bestimmt.

80 Gordon, E. Integrative Neuroscience: Bringing together biological, psychological and clinical models of the human brain. Harwood Academic Publishers, Singapore, 2000.

2. Unser Gehirn bewertet soziale Bedrohungen und Belohnungen mit derselben Intensität wie körperliche.[81] Sagt die Chefin beispielsweise: „Komm morgen um drei in mein Büro, ich möchte Dir Feedback geben", reagiert das Gehirn so, als spränge plötzlich ein Säbelzahntiger hinter dem Aktenschrank hervor. Alles, was du als soziale Bedrohung empfindest, wird vom Gehirn genauso wahrgenommen wie eine körperliche Bedrohung.
3. Die körperliche Kampf-oder-Flucht-Reaktion setzt sofort ein: Cortisol und andere Botenstoffe werden ausgeschüttet. Die Folge: Tunnelblick. Bewusste Entscheidungen und klare Gedanken fallen schwerer. Blutdruck und Puls steigen, man schwitzt, das limbische System schaltet den präfrontalen Cortex knallhart aus. Solche Bedrohungsreaktionen sind im Berufsalltag häufig und sollten gezielt reduziert werden.[82]

Was bedeutet das für Führung?

Kurz gesagt kommt es auf unsere Fähigkeit an, Entscheidungen zu treffen, Probleme zu lösen und mit anderen zusammenzuarbeiten. Ebenso wichtig ist die Erkenntnis, dass diese Fähigkeit durch eine Bedrohungsreaktion eingeschränkt und durch eine Belohnungsreaktion gesteigert wird.[83]

Um diesen Mechanismus zu verstehen, nutze ich gerne das SCARF-Modell von David Rock und seinem NeuroLeadership Institute.[84] Daran lässt sich grundlegend erklären, wie unser Gehirn auf Bedrohungen reagiert – nicht nur im physischen, sondern auch im Geschäftsleben. Das Modell bietet einen Rahmen, der die häufigsten Reize erfasst, die in sozialen und geschäftlichen Situationen eine Belohnungs- oder Bedrohungsreaktion auslösen.

Das SCARF Modell

Das SCARF-Modell[85] beschreibt fünf zentrale Bereiche menschlicher sozialer Erfahrung: Status, Sicherheit, Autonomie, Zugehörigkeit und Fairness. Zahlreiche Studien zeigen, dass diese fünf Bereiche im Gehirn genau die gleichen Belohnungsnetzwerke aktivieren wie physische Belohnungen – zum Beispiel Geld oder Schokolade – und die

81 Borelli, Eleonora & Benuzzi, Francesca & Ballotta, Daniela & Bandieri, Elena & Luppi, Mario & Cacciari, Cristina & Porro, Carlo & Lui, Fausta. (2023). Words hurt: common and distinct neural substrates underlying nociceptive and semantic pain. Frontiers in Neuroscience. 17. 10.3389/fnins.2023.1234286.
82 Baumeister, R.F.; Bratslavsky, E.; Vohs, K.D. Bad is Stronger Than Good. Rev Gen Psychol. 5(4):323–370, 2001.
83 Elliot, A.J. Handbook of Approach and Avoidance Motivation. Psychology Press, New York, 2008.
84 NeuroLeadership Institute: David Rock.https://neuroleadership.com/personnel/david-rock
85 Rock, D. SCARF: A brain-based model for collaborating with and influencing others. NeuroLeadership Journal, 2008.

gleichen Bedrohungsnetzwerke wie körperliche Gefahren oder Schmerz.[86] Wer diese Trigger versteht, kann sich selbst und sein Team durch die sozialen Dynamiken im Arbeitsumfeld navigieren (Abbildung 4.1).

Status beschreibt unseren Stellenwert im Vergleich zu anderen. Jede Kritik, jede Infragestellung deiner Position kann dein Statusgefühl bedrohen. Ein Beispiel aus der Praxis: Während der Fusion unserer Firma machte sich ein Kollege Sorgen, seinen Titel „Vice President" in der neuen Organisation zu verlieren. Dieser Status war ihm so wichtig, dass er lieber kündigen wollte, als eine gefühlte Degradierung zu akzeptieren. Der Stress war enorm – sein Gehirn reagierte darauf wie auf eine körperliche Bedrohung- mit Angst und Stress, Rückzug oder Verteidigung.

Sicherheit (certainty) beschreibt das Bedürfnis, die Zukunft vorhersehen zu können. Im gleichen Szenario wussten mein Team und ich nicht, wann die Übernahme abgeschlossen sein würde, welche Rollen wir künftig bekämen oder wer seine Stelle behalten würde. Diese Unsicherheit erzeugte ständigen Stress, weil das Gehirn auf Unvorhersehbarkeit wie auf eine Bedrohung reagiert – wir waren permanent in Alarmbereitschaft.

Autonomie vermittelt das Gefühl, die Geschehnisse unter Kontrolle zu haben. Ein Klient berichtete, dass sein Chef ihn mikromanagte: Tägliche Anrufe und drei bis vier E-Mails zur Kontrolle. Dieser Kontrollverlust war für ihn so belastend, dass er ernsthaft über einen Jobwechsel nachdachte. Ein Autonomieverlust ist ein unterschätzter, aber mächtiger Stressfaktor.

Zugehörigkeit (relatedness) ist das Gefühl, sich bei anderen sicher zu fühlen – eher Freund als Feind zu sein. Viele bleiben trotz ungeliebter Jobs und schwieriger Chefs im selben Job, einfach weil das Team wie eine zweite Familie ist. Dieses Zugehörigkeitsgefühl hält sie im Unternehmen. Umgekehrt zögern viele, sich selbstständig zu machen, aus Angst, diese soziale Sicherheit zu verlieren.

Fairness beschreibt das Empfinden, gerecht behandelt zu werden. Fairness-Trigger wirken nicht nur, wenn man selbst benachteiligt wird, sondern auch, wenn man beobachtet, wie andere ungerecht behandelt werden. Für mich persönlich ist dies der stärkste Stressfaktor: Sobald ich mich unfair behandelt fühle, steigt mein Cortisol, und ich muss bewusst dagegen steuern, nicht sofort in den limbischen "Tunnel-Angriffs-Modus" zu geraten.

Diese fünf Bereiche aktivieren entweder den „primären Belohnungs-" oder den „primären Bedrohungs-"Kreislauf (und die damit verbundenen Netzwerke) des Gehirns. Was heißt das für dich als Führungskraft?

- Erkenne die Auslöser – bei dir selbst und bei deinem Team.
- Nimm die Bedrohungs- und Belohnungsreaktionen ernst.
- Lerne, sie abzufedern, damit deine Leute leistungsfähig bleiben.

86 Rock, D. Your brain at work: Strategies for overcoming distraction, regaining focus, and working smarter all day long. Journal of Behavioral Optometry, 2010.

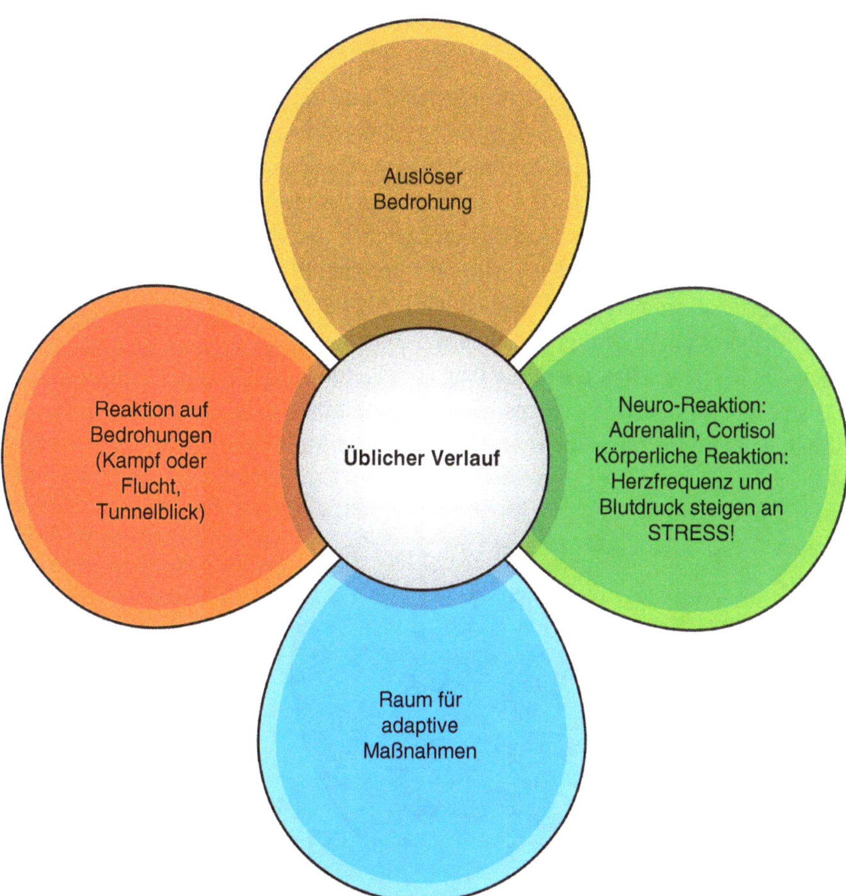

Abbildung 4.1: Die Reaktion des Gehirns auf Bedrohungen.

Stressfaktoren zu erkennen, richtig zuzuordnen und zu mindern ist in unserer Zeit, in der Veränderung allgegenwärtig und unaufhörlich ist, von entscheidender Bedeutung. Für Führungskräfte ist eine wichtige Aufgabe gerade besonders schwierig geworden: Konsens zu erreichen. Konsens ist ein komplexes Konstrukt, das ebenso sehr davon abhängt, die richtige Kultur[87] zu etablieren wie davon, gegenseitiges Verständnis für unterschiedliche individuelle Kommunikationsstile zu erlangen.[88] In unserer digitalen Welt, mit allgegenwärtigen sozialen Medien, ist Konsens wohl eine der härtesten Aufgaben – und doch bleibt das erste Grundprinzip unverändert: Setz Dein(e)

87 Moulton Reger, S.J. Can Two Rights Make a Wrong? Insights from IBM's Tangible Culture Approach. IBM Press, April 6, 2006.

88 Perret, C., & Powers, S. T. (2022). An investigation of the role of leadership in consensus decision-making. Journal of Theoretical Biology, 543, 111094. DOI: 10.1016/j.jtbi.2022.111094

Gehirn(e) nicht unter Druck! Sorge dafür, dass sich die Menschen, die du führst, zu keiner Zeit bedroht fühlen.

Auslöser wahrzunehmen und angemessen darauf zu reagieren, ist eine Fähigkeit, die jede Führungskraft beherrschen muss – und die verschiedenen Führungsstile des Gärtners, Magiers und Captains unterstützen dabei auf ihre Weise. Das Ziel besteht darin, die Ausschüttung von Cortisol, Adrenalin und Angst beim Individuum zu minimieren und es in einen parasympathischen Zustand zu versetzen, in dem das Hormon Oxytocin – auch als Hormon des Vertrauens bezeichnet – entstehen kann und konsensorientierte Zusammenarbeit möglich wird (Abbildung 4.2).

Der Aufbau von Vertrauen ist nach der Zeit von Corona besonders herausfordernd, weil viele Menschen durch die lang anhaltende Unsicherheit und soziale Isolation gestresst und misstrauisch geworden sind. Empathie wirkt hier neurowissenschaftlich wie ein Vertrauensbooster: Sie fördert die Ausschüttung von Oxytocin und

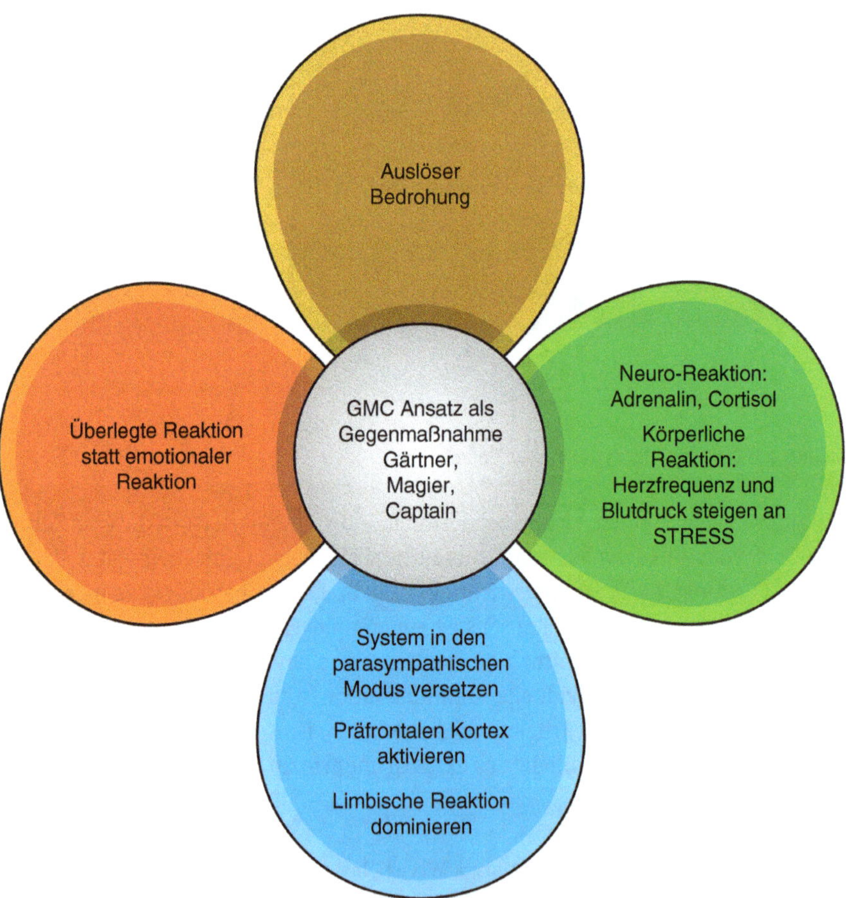

Abbildung 4.2: Abschwächung der Reaktion mit Hilfe der drei Führungsstile.

hilft, soziale Ängste zu reduzieren und ein Gefühl der Sicherheit zu vermitteln. Gerade nach einer globalen Krise benötigen Mitarbeitende das Gefühl, verstanden zu werden und psychologische Sicherheit, um effektiv zusammenarbeiten zu können. Führungskräfte, die empathisch agieren, lindern Stress, bauen emotionale Barrieren ab und schaffen so die Grundlage für nachhaltiges Vertrauen und Resilienz im Team.[89]

Wir alle kennen unterschiedliche Auslöser, die in uns Bedrohungszustände hervorrufen. Diese Trigger kommen in unterschiedlichen Situationen zum Tragen und führen zu unterschiedlichen Erlebnissen. Das Gespür für diese Auslöser und die Fähigkeit, sie zu entschärfen, ist eine Schlüsselkompetenz, die jede Führungskraft beherrschen muss. Hier kommen die drei Führungsstile von Gärtner, Magier und Captain ins Spiel: Zusammen tragen sie dazu bei, diese Fähigkeit zu entwickeln und zu fördern (Tabelle 4.1).

Das Ziel lautet, die Ausschüttung von Cortisol, Adrenalin und Angst bei deinen Leuten zu minimieren, damit sie in einen parasympathischen Zustand kommen, in dem Oxytocin entstehen kann und in dem echte, Konsens getriebene Zusammenarbeit möglich wird.

Tabelle 4.1: Die drei Führungsstile und ihre neurochemischen Aktivierungsstrategien.

	Neurodingsda-Aktivierungsmethode	**Abwehr von Bedrohungen**
Der Gärtner	Serotonin – das Wohlfühl- und Glücks-Neurochemikon. Wenn der Spiegel hoch ist, fühlen sich Menschen wertgeschätzt und stolz. Wenn er niedrig ist, führt das zu Traurigkeit, Antriebslosigkeit und Energiemangel. Dopamin gibt uns das Gefühl, dass sich der Weg lohnt. Es fördert Motivation, kurbelt den Belohnungszyklus an, hilft Dinge zu erledigen und schenkt uns einen Verstärkungs-Kick, wenn wir ein Ziel erreicht haben.	Hilft Menschen dabei, aus dem Stressmodus herauszukommen und in den parasympathischen Modus ihres Gehirns zu gelangen, wo sie sich ausruhen und entspannen können. Motivation aufbauen, die dem Gehirn hilft, Dopamin freizusetzen. Es gilt, den Geist und Körper ins Gleichgewicht bringen und sicherstellen, dass jeder fair behandelt wird. Ernähre und lasse erblühen!

89 Paul, Joel. (2024). Human-Centric Leadership: Balancing Technology and Empathy in a Post-COVID Era. ((Verlag oder URL mit Abrufdatum)).

Tabelle 4.1 (fortgesetzt)

	Neurodingsda-Aktivierungsmethode	Abwehr von Bedrohungen
Der Magier	Oxytocin: Ein hoher Oxytocinspiegel erzeugt Liebe, Vertrauen, Sicherheit und Verbundenheit. Es ist das „Kuschelhormon“. Es baut eine Verbindung zwischen den Gehirnen von Menschen auf und hilft ihnen, die Emotionen des anderen wahrzunehmen und sich verbunden zu fühlen. Emotionen sind ansteckend. Es sorgt dafür, dass wir mit den Menschen in unserer Umgebung im Einklang bleiben und ihnen nah sind.	Inspiriert Menschen, gibt ihnen individuelle Ziele und hilft, neue Ziele zu visualisieren. Fördert Autonomie und baut Beziehungen und Verbundenheit auf. Begeistert Menschen und gewinnt sie als Anhänger für eine Vision. Inspiriere und wachse!
Der Captain	Noradrenalin: Schafft Energie, bringt Dinge in Gang. Cortisol: Das Stresshormon, eine kleine Menge davon ist kurzfristig gut und schafft zusätzliche Energie für den „Startschuss“ einer Handlung. Endorphine: Regulieren Schmerzen und Stress und lösen Euphorie aus.	Den präfrontalen Cortex aufbauen und stärken. Der PFC ermöglicht emotionale Kontrolle und fördert Mut, Durchhaltevermögen, Ausdauer, Leidenschaft und Energie. Das Team und die Strategie aufbauen, damit die Menschen eine klare Richung haben. Kämpft wie ein Löwe, um sein Team zu schützen, opfert sich für sein Team und sorgt für Sicherheit.

Das GMC-Leadership-Modell

> „Wenn deine Handlungen andere dazu inspirieren, mehr zu träumen, mehr zu lernen, mehr zu tun und mehr zu werden, dann bist du ein Anführer.“ John Quincy Adams

Nun geht es darum all diese Puzzleteile zusammenzusetzen:

1. die drei Gehirne mit ihren Neurodynamiken,
2. die Akteure die wir zur Kollaboration bewegen müssen,
3. die Notwendigkeit, den neuen Generationen Sicherheit, Vertrauen und Sinn zu vermitteln,
4. und die Führungsstile, die wir einsetzen (oder erst noch lernen) können

Das klingt nach einem wilden Mix, doch wie lassen sich all diese Ebenen miteinander in Einklang bringen? Keine Sorge, mir ging es genauso. Nach ein paar eher frustrierenden Versuchen, das kreativ zusammenzubringen, habe ich beschlossen: Wir brauchen ein Modell.

Das **GMC-Modell** (Abbildung 4.3) bietet einen integrierten, systematischen Ansatz, der deine drei Gehirne, den Aufbau und die Balance der neurobiologischen

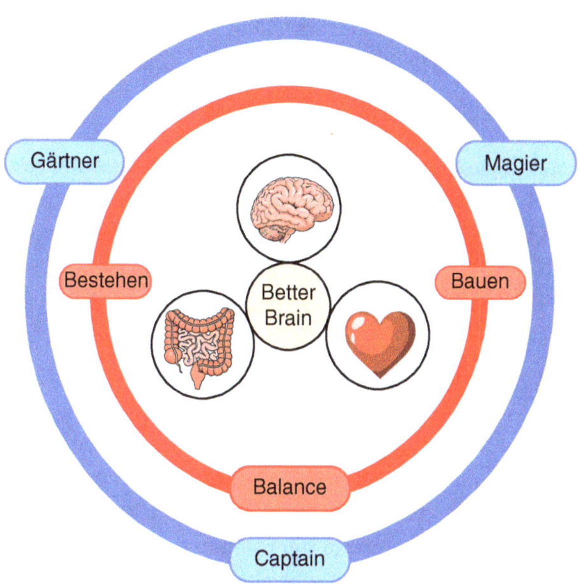

Abbildung 4.3: Das Better Brain GMC Modell.

Grundlagen und die Wahl deines besten Führungsstils miteinander verbindet. Er zeigt dir, wie du die Neurosysteme und die Neurodingsdas nutzen und balancieren kannst, um deinen Führungsstil zu optimieren. Es ist ein praktisches Werkzeug – für dich selbst, für dein Team und auch für neue Leute, die du einstellst.

Das GMC-Modell für „Better Brains" ist das Herzstück des Buches. Es ist ein integrierter Führungsansatz, der die drei fundamentalen Führungstypen Gardener, Magician und Captain mit neurowissenschaftlichen Erkenntnissen verbindet. (*Da das Modell ursprünglich auf Englisch entwickelt wurde und international unter dem Akronym GMC bekannt ist, habe ich mich entschieden, den strategischen Führungstypus im gesamten Buch konsequent als „Captain" beizubehalten. Der Captain klingt außerdem netter und dynamischer als ein Kapitän!).* Das GMC Modell bietet konkrete, wissenschaftlich fundierte Anwendungen, die die Führung im VUCA-Umfeld effizienter gestalten. Es basiert auf einigen einfachen, aber wirkungsvollen Einsichten aus Führungsforschung und Neurowissenschaft.

1. Wir denken vielleicht, wir hätten nur ein einziges Gehirn. In Wahrheit aber sind es drei: Das Gehirn im Kopf, im Herzen und – oft unterschätzt – ein recht großes im Bauch. Diese drei Organe sind keine voneinander getrennten Systeme, sondern arbeiten permanent zusammen. Jedes erfüllt eine spezifische Rolle bei der Steuerung unseres Verhaltens und unserer Entscheidungen als Führungskraft. Wer lernt, auf die Signale dieser drei Gehirne zu achten und sie bewusst zu kalibrieren, bleibt „in Harmonie" – und kann sein Führungsverhalten gezielt steuern.

Eine gute Führungskraft nutzt dieses Wissen: Sie versteht, wie Kopf-, Herz- und Bauchgehirn kooperieren, und wie sie jeweils einzusetzen sind, um wirkungsvoll zu führen.

2. Bauen – balancieren – bestehen
   Wir bauen unsere Gehirne ständig um, balancieren sie gegeneinander aus und streben danach, als Führungspersönlichkeit authentisch und charismatisch zu sein:
   - Bauen: Unser Gehirn befindet sich in einem permanenten Veränderungsprozess. Es konstruiert unablässig neue Verbindungen, bildet Neurochemikalien, verarbeitet Emotionen, entwickelt Pläne und Gedanken. Eine effektive Führungskraft weiß, welche Gehirnregionen sie aktivieren muss, um die richtigen Bedingungen für das eigene Gehirn und das seiner Mitarbeitenden zu schaffen.
   - Balancieren: Zugleich kämpft unser Gehirn fortwährend um Gleichgewicht – einerseits zwischen Bedrohung und Belohnung – den zwei Polen des autonomen Nervensystems. Andererseits zwischen seinen zentralen „Playern“: dem älteren, emotionalen limbischen System und dem neueren, rationalen präfrontalen Cortex, unserem inneren CEO. Eine effektive Führungskraft versteht, wann und wie sie diese Modi kalibrieren muss, um Stress und Konflikte zu vermeiden – und stattdessen Räume für Entwicklung, Kreativität und Stärke zu öffnen.
   - Bestehen: Charismatische Führung lebt von Vertrauen und Sinn. Die Herausforderung besteht darin, die Fähigkeit zum Aufbau und zur Balance dieser auf neurologischen Abläufen basierenden Führungsinstrumente mit der Authentizität zu verbinden, wirklich inspirierend zu wirken und eine überzeugende Vision zu vermitteln. Solch eine Führungskraft weiß: Jeden Tag gilt es, den eigenen Stil neu zu justieren – um glaubwürdig, inspirierend und sinnorientiert zu sein.
3. Wir sind alle Gärtner, Magier und Captain
   Jede Führungskraft hat dabei natürliche Tendenzen, die ihren Stil prägen. Manchmal agieren wir wie ein Gärtner, der geduldig pflegt und wachsen lässt. Manchmal wie ein Magier, der Neues erschafft, inspiriert und die Menschen staunen lässt. Und manchmal wie ein Captain, der Kurs hält, Verantwortung übernimmt und das Team sicher durch unruhige Gewässer steuert.

   Erfolgreiche Führung bedeutet nicht, alle drei Rollen perfekt zu beherrschen. Es bedeutet, die eigenen Stärken zu kultivieren, bewusst zwischen den Rollen zu wechseln – und sich dort, wo man selbst weniger stark ist, Ergänzung durch das Team zu holen.

   Ein guter Leader muss also nicht perfekt sein. Aber er kann die GMC-Rollen so einsetzen, dass sie zur eigenen Persönlichkeit und zur Situation passen. In Verbindung mit den Werkzeugen zum Bauen, Balancieren und Bestehen entsteht so ein authentischer Führungsstil, der die eigene Leistung sowie die Köpfe, Herzen und das Wohlbefinden der Mitarbeitenden stärkt.

Was ist dein natürlicher Führungsstil?

„Sei du selbst; alle anderen sind bereits vergeben." Oscar Wilde

Ein Wort der Warnung

Wenn du deinen natürlichen Führungsstil kennst, kannst du ihn gezielt verstärken, bewusst wechseln, wenn die Situation es erfordert, und fehlende Elemente durch andere ergänzen. So entwickelst du dich Schritt für Schritt zu einer besseren Führungskraft. Sobald dir deine Stärken und Schwächen als Leader klar sind – geprägt durch deine angeborenen Charakterzüge – kannst du aktiv nach den fehlenden Rollen in deinem Führungsteam suchen und sie mit den passenden Profilen besetzen. Auf diese Weise wird das GMC-Modell vollständig und lebendig. In den nächsten Kapiteln findest du eine Fülle an Informationen darüber, wie man den Gärtner, Magier oder Captain stärkt, balanciert und umsetzt. Aber zuerst musst du wissen, zu welchem Führungstyp du tendierst. Das findest du mit dem folgenden Test heraus.

Einer der GMC-Charaktere wird dir mehr zusagen als die anderen. Oder einer wird genau der Typ sein, von dem du weißt, dass du es nicht bist, aber insgeheim gerne wärst. Vielleicht kennst du jemanden, der ein perfekter Magier ist, Menschen inspiriert und verführt wie der Rattenfänger von Hameln, aber du stehst in harter Konkurrenz zu dieser Person – und genau deshalb magst du keine Magier. Oder schlimmer: Du denkst, du bist das Gesamtpaket und das ganze Modell ist entweder zu stark vereinfacht oder viel zu komplex. Vielleicht magst du keine Vereinfachungen oder willst kein Gärtner sein, weil du im Privaten jede Woche selbst den Rasen mähen musst.

In diesem Fall: Bitte blättere weiter zum Abschnitt Tools, Tricks und Taktiken, wo du zumindest ein paar praxisnahe Tipps kennenlernen kannst, die dein Interesse wecken könnten. Oder fühl dich frei, die weitere Lektüre ganz über Bord zu werfen und gleich ans Ende zu springen, wo du daran erinnert wirst, dass die Antwort bekanntlich immer 42 lautet.[90]

Der Test

Möchtest du herausfinden, welcher Führungsstil wirklich zu dir passt? Wir alle haben natürliche Tendenzen und Stärken, die wir weiterentwickeln können. Dieser Test zeigt dir, welche Art von Leadership am besten zu deiner Persönlichkeit passt – also die Art zu führen, die dir am leichtesten fällt und am authentischsten wirkt. Dieses Wissen ist eine Superkraft. Du wirst immer authentisch wirken, kannst den Einfluss

90 Douglas Adams. Per Anhalter durch die Galaxis. Rogner & Bernhard 1981.

deiner natürlichen Stärken maximieren und anderen erlauben, dich mit ihren eigenen Stilen zu ergänzen. So entsteht das beste Team – authentisch, kraftvoll und erfolgreich. Hier findest Du einige der Testfragen. Den vollständigen Test findest du unter www.MartinaMuttke.com.

Test

1. Du bist Führungskraft eines diversen und multi-generationalen Teams. Ein neuer Mitarbeiter bittet dich um ein Gespräch und möchte wissen, ob du ihm helfen kannst, sich in diesem neuen Unternehmen „selbst zu finden". Du antwortest:

- Wie wäre es, wenn wir uns deine aktuellen Verantwortlichkeiten ansehen und einen Entwicklungsplan erstellen? Lass uns dafür ein einstündiges Meeting aufsetzen und die HR-Kollegen dazu nehmen.
- Hmm ... Sich selbst und seinen Sinn finden ... spannend. Sag mir doch mal, was ist dein größter Traum?
- Was bedeutet „sich selbst finden" für dich, und welche Schritte auf dem Weg sind dir am wichtigsten? Lass uns das gemeinsam herausfinden, damit wir überlegen, wie ich dich unterstützen kann.
- Ups, tut mir leid, ich verstehe deine Frage nicht wirklich. Warum musst du dich selbst finden – hast du dich jemals verloren?

2. Welche drei Dinge sollten in deinem idealen Unternehmen vorhanden sein?

- Ein super-charismatischer CEO, der regelmäßig im Fernsehen auftritt, ein Meditationslehrer, der jeden Tag Sessions anbietet, eine Kultur und ein Spirit, die unser Unternehmen weltweit berühmt machen.
- Ein großartiges Fitnessstudio auf dem Campus, eine Kantine mit kostenlosem, gesundem Essen, keine Präsenzpflicht, Arbeit ist von deinem Boot, deinem Zuhause, überall möglich, Einzelbüro oder Großraumbüro.
- Ein Firmenhund zum Spazierengehen, ein Coach vor Ort in seinem Büro, ein Wettbewerb für die innovativste Idee pro Quartal (Gewinn ist ein dreitägiger Segeltörn).
- Eine perfekt passende IT-Infrastruktur, eine Unternehmensstrategie, die aus drei Bullet Points besteht und jeder Mitarbeiter kennt sowie eine transparente Bonus- und Vergütungspolitik.

3. Erinnere dich, als du jünger warst und verschiedene Arten von Führungskräften in Filmen, Büchern und im Fernsehen gesehen hast. Mit welcher konntest du dich am besten identifizieren? Welchen Typ hast du am meisten bewundert?

- Dr. House. Etwas zurückgezogen und griesgrämig, aber er findet am Ende immer die richtige Diagnose und stellt sicher, dass der Patient überlebt.
- Superman. Nach außen stark, aber im Inneren verletzlich, besiegt er die Bösewichte und kümmert sich um die Schwachen.
- Harry Potter (oder Frodo aus *Der Herr der Ringe*). Kein sehr bemerkenswert heldenhaftes Auftreten und von Natur aus eher schüchtern. Wächst über sich hinaus, um die Welt zu retten und alles Böse mit seinem großartigen und loyalen Team zu bekämpfen.
- James Bond. Der ewige Gentleman, der geschmeidig durch Abenteuer segelt und dabei cool und witzig bleibt.
- Uma Thurman in *Kill Bill*. Es geht ganz um Fairness und darum, Rache zu üben, ohne Gnade.
- Sigourney Weaver in den *Alien*-Filmen. Stark, unerbittlich, ohne Emotionen – sie überlebt gegen alle Widrigkeiten.

4. Du bist zum ersten Mal Hundebesitzer und hast einen kleinen Welpen. Als du Rat einholst, wie du deinen leicht verrückten Cockapoo erziehen sollst, bekommst du drei völlig unterschiedliche Empfehlungen von Hundeschulen/Hundeexperten/langjährigen Hundehaltern. Welchen Rat nimmst du dir zu Herzen und folgst ihm?

- Hundeerziehung dreht sich nur um Regeln. Die Tiere müssen so schnell wie möglich Regeln und Grenzen lernen. Du musst streng und konsequent mit dem Hund sein, um von Anfang an klarzustellen, dass du der Chef bist.
- Dein Hund hat nur ein sehr begrenztes Verständnis davon, was richtig und falsch ist und warum. Aber, wie der berühmte Konrad Lorenz uns gelehrt hat: Es geht um Konditionierung. Hunde verstehen keine Strafe, sie verstehen Belohnung. Ein paar Wochen konsequentes Belohnen des guten Verhaltens und Ignorieren des schlechten ergeben einen wohlerzogenen Hund.
- Es geht um Vertrauen. Der Hund muss Freiheit, Wahlmöglichkeiten, deine Liebe und dein Vertrauen in sein Verhalten spüren. Respektvolle Freundlichkeit und ein nicht-autoritärer Erziehungsstil schaffen einen Hund voller hingebungsvoller Liebe, der dir überallhin folgt.

Du hast wahrscheinlich schon eine Tendenz in deinen Antworten bemerkt. Sicher erkennst du die eher gärtnerischen Züge oder wo der Captain durchscheint. Beantworte den Rest der Fragen auf der Website und finde deinen natürlichen Führungsstil heraus. Wenn du und dein Team den individuellen Stil der anderen kennt, könnt ihr besser zusammenarbeiten und eine Abteilung oder ein Unternehmen aufbauen, das auf den neurologischen Erkenntnissen aus diesem Buch basiert. In einem solchen Unternehmen kann gehirnfreundliche Führung gelebt werden.

Kapitel 5
Drei Führungsstile zum Erkunden und Erleben

„Große Führer sind wie die besten Dirigenten – sie gehen über die Noten hinaus, um die Magie in den Musikern zu wecken.“ Blaine Lee[91]

Nachdem du das GMC-Leadership-Modell kennengelernt hast, hast du vielleicht den Test gemacht und dir einen Eindruck von deiner Führungspräferenz verschafft. Die spannende Herausforderung besteht nun darin, deine natürlichen Talente einzusetzen und bei Bedarf auf die Facetten der anderen Führungsstile zurückzugreifen. Um dies zu tun, kannst du in jede GMC-Persönlichkeit „eintauchen“ und verstehen, wie alle ihren eigenen Stil haben und wie sie ausgeglichen werden können, damit du eine charismatische Führungspersönlichkeit wirst.

Die Sonne nutzen: Die Führungskraft als Gärtner

„Ein Garten erfordert geduldige Arbeit und Aufmerksamkeit.
Pflanzen wachsen nicht einfach, um Ambitionen zu befriedigen oder gute Absichten zu erfüllen.
Sie gedeihen, weil jemand sich um sie bemüht hat.“ Liberty Hyde Bailey

Ich war jung, als ich anfing, als Führungskraft in Lateinamerika zu arbeiten. Eine dreißigjährige, blonde Chefin war in diesem männlich dominierten Umfeld nicht sehr verbreitet. Wie immer begann ich damit, meinem Team Vertrauen zu schenken und ihnen Freiheit zu geben. Die meisten reagierten positiv auf meinen Laissez-faire-Ansatz. Vielleicht dachten einige, ich sei ein bisschen zu nachgiebig.

Früh in meiner Amtszeit fiel mir eine männlicher Führungskraft um die fünfzig auf, die sich merkwürdig verhielt. Ich ging der Sache nach. Hinter meinem Rücken tat der Kollege Dinge, die schlicht nicht regelkonform waren. In der Wissenschaft ist Non-Compliance das schlimmste Vergehen: Sie kann nicht nur die eigene Karriere, sondern das ganze Unternehmen zerstören. Also musste ich schnell und entschlossen handeln. Ich entließ den Mitarbeiter und kommunizierte meine Gründe offen im Team. Damit wollte ich ein klares Signal setzen: Ich konnte nicht nur fürsorglich wie eine Gärtnerin führen, sondern auch als Captain in Richtung und Grenzen vorgeben, wenn es nötig war. Mein natürlicher Gärtner-Stil sorgte dafür, dass sich alle sicher und wohl fühlten – aber manchmal braucht es eben auch klare Führung, um Vertrauen und Sicherheit aufrechtzuerhalten.

Der Gärtner ist ein fürsorglicher Leiter, der alles bietet, was für eine perfekte Verbindung zwischen Gehirn und Körper nötig ist. Seine Aufgabe ist es, eine Pflanze so

91 Lee, Blaine, The Power Principle: Influence With Honor, Simon & Schuster, New York 1997, S. 272.

https://doi.org/10.1515/9783112234099-006

zu pflegen, damit sie aufblühen kann. Dazu verwendet er Werkzeuge (mehr dazu im nächsten Kapitel), die dabei helfen, die drei Gehirne zu synchronisieren. Er kümmert sich um die Bedürfnisse von Körper und Geist, um einen starken präfrontalen Cortex zu fördern und die Umsetzung von Plänen zusammen mit dem Captain vorzubereiten.

Der Gärtner schafft die äußeren Rahmenbedingungen, um eine Optimierung der Abläufe im Gehirn zu ermöglichen und so ein besseres Hirn aufzubauen.

Wer sät der erntet: Das Gehirn des Gärtners entwickeln

> „Große Führungspersönlichkeiten haben ein Herz für Menschen. Sie nehmen sich Zeit für Menschen. Sie betrachten Menschen als das Wesentliche, nicht als Mittel zum Zweck." Pat Williams[92]

Der Gärtner kümmert sich um jedes einzelne Teammitglied – mit dem Ziel, dass alle aufblühen können. Neurowissenschaftliche Erkenntnisse zeigen, dass unser Gehirn stark auf emotionale Signale wie Tonfall, Mimik und Blickkontakt reagiert.[93] Gerade in unserer hybriden Post-Covid-Welt ist das von entscheidender Bedeutung: Wer bewusst mit Stimme, Ausdruck und Körpersprache führt, kann Nähe, Empathie und Vertrauen vermitteln – selbst über den Bildschirm hinweg. Der Gärtner nutzt all diese Signale, um eine authentische Verbindung zwischen Gehirn und Körper herzustellen, und diese nach außen zu vermitteln.

Die Gärtner-Führungskraft fördert gezielt Dopamin und Serotonin, sorgt für Ausgleich zwischen den „drei Gehirnen" von Kopf, Herz und Bauch und schafft durch Empathie und limbische Resonanz ein Klima, in dem sich Menschen wohlfühlen.

Eine positive Atmosphäre am Arbeitsplatz bedeutet:

- gute Lebensqualität im Arbeitsalltag
- Lob, Anerkennung und Zugewandtheit
- gesunde Work-Life-Balance

Die zentralen Neurodingsdas des Gärtners sind jene Botenstoffe, die Freude, Motivation und Zufriedenheit erzeugen (s. o.). Dabei gilt: Jedes Gehirn tickt anders. Der Gärtner muss also feinfühlig die individuellen Bedürfnisse seiner Mitarbeitenden erkennen und die „richtigen Schalter" aktivieren, damit seine Leute ihr volles Potenzial entfalten können.

---

92 Pat Williams, The Ultimate Book of Sales (Carol Stream, IL: Tyndale House Publishers, 2011).

93 Horton International (2025). *The Neuroscience of Great Leadership*.https://hortoninternational.com/neuroscience-of-great-leadership/

Limbische Resonanz

Limbische Resonanz beschreibt die Fähigkeit von Menschen, Emotionen anderer aufzunehmen und zu spiegeln. Sie entsteht im limbischen System – jenem Teil des Gehirns, der Erinnerungen speichert und Emotionen verarbeitet. Der Begriff wurde 2000 von Lewis und Kollegen[94] geprägt und zeigt, wie stark unsere Neurochemie von den Menschen beeinflusst wird, mit denen wir zu tun haben.

Wenn eine Person sich mit dem inneren Zustand einer anderen „verbindet", synchronisieren sich ihre Systeme: Sie kann Gefühle lesen, die Stimmung erfassen und manchmal sogar erahnen, was der andere als Nächstes tun wird. Genau diese Resonanz ist die Grundlage für Empathie, die für den Gärtner so wichtig ist. Dabei geht es nicht nur um die positiven Gefühle, die Dopamin und Serotonin auslösen – Freude, Motivation, Zufriedenheit. Auch negative Zustände wie Angst, Anspannung oder Ärger, die durch Noradrenalin entstehen, sind spürbar.

Ein großartiger Gärtner erkennt beides. Er liest die positiven wie die negativen Emotionen seines Teams und sorgt durch gezielte Impulse dafür, dass die richtigen Neurochemikalien überwiegen. So schafft er Balance, Harmonie und ein Klima, in dem Menschen aufblühen können.

Die Forscher Martineau und Racine zeigen, dass Empathie[95]
- informierte Entscheidungen in komplexen Situationen ermöglicht,
- eine Kernkompetenz ethischer Führungskräfte ist,
- Voraussetzung für moralisches Handeln ist,
- eine Barriere gegen kalte, entfremdete und unmenschliche Geschäftskulturen bildet,
- und ein wesentlicher Faktor für effiziente Organisationen ist.

Indem der Gärtner limbische Resonanz herstellt und empathisch handelt, erzeugt er genau jene neuronale Stoffe, die die Lust- und Belohnungszentren im Gehirn aktivieren. Entscheidend ist dabei der Dopamin-Kreislauf: Er vermittelt dem Team, dass sich die gemeinsame Reise lohnt – auch dann, wenn Unsicherheit oder Komplexität den Weg erschweren. Gleichzeitig sorgt er für Motivation und beugt Stress oder Prokrastination vor. So bleibt die Organisation fokussiert, effizient und handlungsfähig.

Hände im Torf, Kopf in der Sonne: Als Gärtner die Chemie im Team balancieren

> „Gott, der Allmächtige, legte zuerst einen Garten an.
> Und tatsächlich ist dies die reinste aller menschlichen Freuden." Francis Bacon

Der Gärtner balanciert und stimmt unsere drei Gehirne aufeinander ab. Er spürt die Bedürfnisse, individuellen Fähigkeiten und Neigungen jedes Einzelnen, passt sich an die Stärken und Schwächen seiner Leute an und verteilt Aufgaben und Verantwortlichkeiten entsprechend.

94 Lewis, T.; Amini, F.; Lannon, R. A General Theory of Love. Random House, 2000.

95 Martineau, J.; Racine, E. Empathy and Its Implication for Business Ethics. In Organizational Neuroethics. Advances in Neuroethics. Springer, Cham, 2019.

Mit Freundlichkeit und Demut reduziert er Stress und Angst, bringt das Gehirn in den Parasympathikus-Modus (Ruhe- und Erholungsmodus) und lenkt es in Richtung Dopamin- und Serotonin-Fluss. Seine Handlungen wirken dem Stress entgegen, der negative Auswirkungen auf das Gehirn hat[96], und stellen sicher, dass Cortisol das Team während der Reise zum Ziel nicht überwältigen und stoppen kann. Wie macht er das? Indem er Sympathikus und Parasympathikus ausbalanciert und die positiven Neurodingsdas durch folgende Maßnahmen hervorruft:

1. Transparenz
2. Feedback
3. Belohnungen
4. Lob
5. Feiern

Folgende Übung führe ich gern mit Teams durch.

Übung Dankbarkeit

Gib der Gruppe drei Fragen und bitte jeden, eine auszuwählen:

1. Denke an jemanden, der kürzlich, vor einem Monat, einem Jahr oder sogar vor einem Jahrzehnt etwas für dich getan hat, und dem du dich nie bedankt hast. Was würdest du dieser Person jetzt sagen wollen?
2. Denke an etwas, das in der letzten Woche in deinem Leben wirklich gut gelaufen ist. Was war es und warum bist du dankbar dafür?
3. Denke an ein besonders positives Ereignis in deinem Leben. Stell dir nun vor, dieses Ereignis hätte nie stattgefunden oder wäre nie Teil deines Lebens gewesen. Beschreibe, wie es geschah und welchen Einfluss es auf dich hatte.

Gib jedem Teammitglied zehn Minuten Zeit, seine Antwort aufzuschreiben. Anschließend teilt ihr euch in Paare auf und tauscht eure Fragen und Antworten miteinander aus.

Auf den ersten Blick wirken diese Fragen sehr einfach – lass dich davon nicht täuschen! Als ich diese Übung selbst zum ersten Mal gemacht habe, wurde ich mit einem Kollegen zusammenarbeiten, den ich kaum kannte. Wir begannen, unsere Erfahrungen auszutauschen, und plötzlich wurde uns bewusst, wie viel Glück wir mit Menschen, Erfahrungen und lebensverändernden Momenten haben. Es entstanden viele positive Emotionen, die in der Gruppe zur Sprache kamen.

Genau das bewirkt die Erfahrung der Dankbarkeit: Du fühlst dich belohnt, froh darüber, Emotionen teilen zu können, und erlebst Dankbarkeit. Gleichzeitig wird Oxytocin ausgeschüttet – das Hormon des Vertrauens – und es entsteht limbische Resonanz.

---

96 Ganzel BL, Kim P, Glover GH, Temple E. Resilience after 9/11: Multimodal neuroimaging evidence for stress-related change in the healthy adult brain. Neuroimage. 2008;40(2):788–95.

Die vielen Sprachen der Liebe: Sei der Gärtner

> „Es wird niemals Rosen regnen: Wenn wir mehr Rosen haben wollen, müssen wir mehr Rosen pflanzen.“ George Eliot

Hast du dich als Führungskraft jemals gefragt, ob du deine Leute lieben musst? Hast du dich jemals gefragt, ob dein Chef dich liebt? Liebe klingt im Führungskontext vielleicht seltsam oder sogar ein bisschen unangenehm, aber die Wahrheit ist: Führungskräfte müssen ihr Team lieben, um das Beste aus ihnen herauszuholen.

In *The Five Love Languages* untersuchen Gary Chapman und Kollegen[97] die romantische Liebe und postulieren, dass es fünf Wege gibt, jemandem Liebe zu zeigen:

- Worte der Bestätigung
- Hilfsbereitschaft
- Geschenke
- gemeinsame Zeit
- Berührungen.

Schau dir diese Liste noch einmal an und überlege kurz, wie du diese Ausdrucksformen von Liebe auf dein Team anwenden könntest. In Wirklichkeit tust du das wahrscheinlich bereits jeden Tag.

Wenn sich ein Gärtner-Leader um dich kümmert, schenkt er dir seine Zeit und Geduld. Er versteht deine individuellen Bedürfnisse, ist voller Neugierde und möchte dir helfen. Er gibt dir Raum für Kreativität und Autonomie. Er gibt dir Bestätigung, Lob und belohnt dich. Er lächelt dich an, dankt dir und feiert Erfolge mit dir. Er sorgt auch für dein körperliches Wohlbefinden – vielleicht gibt es während eines Meetings etwas zu essen oder er achtet darauf, dass du genug Pausen bekommst. Er schafft eine Umgebung, die den Dopamin-Belohnungskreislauf ankurbelt. Im übertragenen Sinne verbindet er sich mit dir, versteht dich und schenkt dir Liebe (Tabelle 5.1).

Die Aufgabe des Gärtners ist es, Menschen bestmöglich innerhalb ihres individuellen Rahmens zu entwickeln und ihnen geduldig zu helfen, ihr Gehirn zu gestalten — durch Zuhören, Aufmerksamkeit und indem er ihnen Möglichkeiten aufzeigt.

Doch Vorsicht, aufgrund ihrer vertrauensvollen Art und ihrer positiven Absichten können Gärtner-Führungskräfte naiv, leichtgläubig oder zu gutmütig wirken. Es wird immer Menschen geben, die versuchen, diese vermeintliche Schwäche auszunutzen. Genau wie in meinem Beispiel muss ein Gärtner wissen, dass es Zeiten gibt, in denen er zum Captain werden muss.

97 Chapman, G. The Five Love Languages: How to Express Heartfelt Commitment to Your Mate. Northfield Publishing, 1992.

Der Gärtner: Führung die verbindet

Tabelle 5.1: Der Gärtner: Führung die verbindet.

baut	balanciert	besteht
Serotonin: Wohlfühl- und Glückshormon. Dopamin: Dieses Neurochemikal gibt dir das Gefühl gibt, dass sich die Reise lohnt, und hält deine Motivation aufrecht. verhindert, dass Cortisol dich überwältigt verantwortlich dafür, limbische Resonanz aufzubauen	Die drei Gehirne Bringt das Gehirn in den parasympathischen Modus.	Hilft dem Team mit Einfühlsamkeit und Hingabe

Wie in einem Garten bedeutet erfolgreiche Führung, liebevoll die richtigen Bedingungen für Wachstum und Entwicklung zu schaffen und gleichzeitig geduldig auf das empfindliche Nährstoffgleichgewicht der Pflanzen zu achten.

Das Kaninchen aus dem Hut zaubern: Die Führungskraft als Magier

> „Mut und Ausdauer sind ein magischer Talisman,
> vor dem Schwierigkeiten verschwinden und Hindernisse sich in Luft auflösen." John Quincy Adams

In den 1980er-Jahren trat AIDS auf die Weltbühne. Es war eine neue, beängstigende Krankheit ohne Heilungchancen, die sich rasant ausbreitete. Viele Menschen glaubten damals, dass man AIDS durch bloßes Berühren eines Erkrankten oder sogar durch die gemeinsame Benutzung einer Toilette bekommen könnte. Betroffene wurden gemieden, und aus Furcht und Unsicherheit forderte ein erheblicher Teil der Bevölkerung in den USA radikale Maßnahmen wie die Zwangskennzeichnung von Betroffenen oder sogar deren Quarantäne.

Am 19. April 1987 eröffnete Prinzessin Diana, damals eine der bekanntesten Persönlichkeiten weltweit, die erste Krankenstation für Menschen mit HIV und AIDS im Vereinigten Königreich. Während ihres Besuchs schüttelte sie einem Patienten die Hand – ohne Handschuhe – und veränderte damit die Wahrnehmung dieser Krankheit für immer. Mit dieser einfachen, bescheidenen Geste demonstrierte Prinzessin Diana die angeborene Kraft einer magischen Führungspersönlichkeit, die die Gedanken der Menschen zum Besseren lenkt und die Welt verändert.

Gefühle sind ansteckend: Das Gehirn des Magiers entwickeln

„Das wahre Geheimnis der Magie liegt in der Darbietung." David Copperfield

Deine magischen Führungsqualitäten zeigen sich darin, Vertrauen bei den Menschen aufzubauen, mit denen du es zu tun hast. Die Kraft des Magiers liegt darin, Bewunderung und Vertrauen zu gewinnen. Es ist die Basis für Loyalität und Motivation, denn jeder möchte Teil deiner inspirierenden Geschichte sein. Diese Emotionen sind ansteckend.

Aus neurowissenschaftlicher Sicht baut der Magier Oxytocin auf – jenes Hormon, das für tiefe Loyalität und Bindung sorgt, Beziehungen stärkt und in unserem Sinne Menschen ermutigt, sich deiner Vision anzuschließen.

Der Magier-Leader schafft Sinn für jeden Einzelnen und entwirft das große gemeinsame Ziel. Er verzaubert sein Publikum und hilft jedem, eine eigene innere Vision und deren Verwirklichung zu entwickeln. Der Magier liest Gedanken. Seine Magie ist ansteckend: Er lässt dich an dich selbst und an deine kühnsten Träume glauben – sodass du werden kannst, wer du sein möchtest, und deine wertvollsten persönlichen Ziele erreichst.

Nachahmung, Feedback und Ansteckung

Diese „magische" emotionale Ansteckung ist ein Prozess im Gehirn, und als solcher erklärbar: Er ähnelt dem bekannten Konzept der limbischen Resonanz, geht aber noch weiter. Denn hierbei werden Emotionen nicht nur wahrgenommen, sondern direkt auf das Gehirn des anderen übertragen, was im Grunde Manipulation ist.

Beschrieben wird dies als dreistufiger Prozess: von Nachahmung über Feedback hin zur Ansteckung.[98]

- Nachahmung: Menschen imitieren während eines Gesprächs unbewusst und kontinuierlich Gesichtsausdrücke, Stimmen, Haltungen, Bewegungen oder Gesten ihres Gegenübers.
- Feedback: Diese Mimiken und Synchronisierungen beeinflussen in Echtzeit das eigene emotionale Erleben.
- Ansteckung: Schließlich „übernimmt" man die Emotionen des anderen – man steckt sich emotional an.

Führungskräfte sollten sich dieser Wirkung bewusst sein, denn ihr Einfluss auf die Stimmung ihrer Mitarbeiter ist enorm[99] und kann positiv wie negativ genutzt werden. Ein Magier sollte hoffentlich nur mit guten Absichten wirken, um Verbundenheit mit dem Team aufzubauen und somit die emotionalen Rahmenbedingungen eines jeden Mitglieds zu verbessern.

---

98 Hatfield, E.; Cacioppo, J.T.; Rapson, R.L. Emotional contagion. Cambridge University Press, 1993.

99 Sy, T.; Cote, S.; Saavedra, R. The Contagious Leader: Impact of the Leader's Mood on Group Members. J Appl Psychol. 90(2):295–305, 2005. doi:10.1037/0021-9010.90.2.295

Übung Oxytocin-Ansteckung

Durch positive soziale Impulse wird die neurochemische Zusammensetzung in deinem Gehirn in Richtung Oxytocin verschoben. Hier ist eine einfache Übung für den Teamkontext:

Jedes Teammitglied wird eingeladen, den anderen eine persönliche Erfahrung mitzuteilen, die für die eigene Entwicklung oder das Leben fundamental war. „Bitte beschreiben Sie eine Sache, die wir über Sie wissen sollten, und wie diese Erfahrung Sie beeinflusst hat."

Das Erzählen persönlicher Geschichten trägt dazu bei, Vertrauen zu schaffen. Als Magier-Leader kannst du Vertrauen und Loyalität gewinnen, wenn du aufmerksam zuhörst und diese wertvollen persönlichen Informationen in die zukünftige Teamarbeit und -führung integrierst. Der Einfluss dieser Übung auf die Teambindung und die emotionale Ansteckung sind magisch. Plötzlich öffnet sich ein Raum, in dem es möglich ist, über wirklich wichtige Dinge zu sprechen – über die eigene Geschichte und ihren Einfluss auf die eigene Person und andere.

Bei einem Workshop mit seinem Team lud mein britischer Coaching-Kunde alle ein, persönliche Erfahrungen zu berichten. Er machte von Anfang an klar, dass in diesem sicheren Raum jeder alles erzählen dürfe.

- Eine Frau berichtete, dass ihre Eltern sie ihr Leben lang massiv zum Erfolg gedrängt hatten, was in ihr einen ständigen Wettbewerbsdruck verankerte – mit dem Gefühl, nie gut genug zu sein.
- Ein anderer Kollege sprach über seinen Burn-out und wie er damit umgegangen war.
- Ein drittes Teammitglied erzählte, wie ihn ein früherer Vorgesetzter hintergangen hatte, weil er bei einer Stellenbesetzung nicht transparent war. Seine Lüge wurde aufgedeckt und dieses Erlebnis hatte ihn tief geprägt.

Ein wirklich guter Leader geht noch einen Schritt weiter. Ich schlug meinem Klienten vor, danach mit jeder Person einzeln zu sprechen und ihr zu danken: „Vielen Dank, dass du deine Geschichte erzählt hast. Danke für dein Vertrauen. Jetzt möchte ich dir gerne helfen, damit dir so etwas nicht noch einmal passiert. Wie kann ich sicherstellen, dass du das bekommst, was du brauchst, um so arbeiten zu können, dass du dich wohlfühlst?" Diese zusätzlichen Einzelgespräche vertiefen die Beziehung, schaffen Gefühle von Verbundenheit und Sicherheit und ermöglichen die Ausschüttung von Oxytocin.

Zuvor hatte mein Klient Schwierigkeiten mit einer Kollegin erwähnt, die immer vorsichtig und misstrauisch wirkte. Es war dieselbe Frau, die aus einem extrem wettbewerbsorientierten Umfeld stammte. Nach der Übung erkannte er, dass sie besonders viel Bestätigung brauchte. Sie sehnte sich nach positivem Feedback, weil sie sich selbst nie gut genug fühlte. Sie brauchte die externe Bestätigung, dass ihr Chef ihr vertraute, damit sie anfangen konnte, sich selbst zu vertrauen. Ein Magier-Leader schafft Vertrauen und Loyalität bei seinen Leuten.

Schenke ein Lächeln: Als Magier dein Gehirn balancieren

> „Träume keine kleinen Träume, denn ihnen fehlt die Magie. Träume groß. Dann verwirkliche deinen Traum.“ Donald Wills Douglas

Denke einmal an all die Führungspersönlichkeiten, die du beobachtet hast, während sie lächeln – und was dieses Lächeln mit dir macht. Emotionen sind ansteckend, und ein Magier-Leader versteht es, genau diese emotionale Ansteckung zu erreichen. Manchmal reicht dazu ein einziges Lächeln. **Ein Lächeln wirkt doppelt magisch: Es verändert nicht nur den, der es schenkt, sondern auch den, der es empfängt.**

Wenn du lächelst[100] werden Dopamin, Endorphine und Serotonin ausgeschüttet. Dadurch entspannt sich der Körper, Herzschlag und Blutdruck sinken. Selbst wenn du eigentlich schlecht gelaunt bist, kann ein bewusstes Lächeln dein Gehirn überlisten und zum Produzieren von Glückshormonen anregen.[101] In den USA heißt es „Fake it till you make it“, tu einfach so als ob, dann gelingt es dir irgendwann. Dieser Satz bekommt hier eine ganz neue, neurologisch fundierte Bedeutung.

Von allen emotionalen Signalen ist das Lächeln am ansteckendsten – es ist schlicht unwiderstehlich. Der Mensch lächelte schon, bevor es Sprache gab. Zu jener Zeit war ein Lächeln das stärkste Signal für Bindung und Sicherheit: „Alles ist gut, keine Gefahr in Sicht.“ Neurowissenschaftlich betrachtet vernetzt ein gemeinsames Lachen unmittelbar die limbischen Systeme zweier Menschen. Robert Provine schreibt, Lachen ist „die direkteste Kommunikation zwischen Menschen – Gehirn zu Gehirn – mit dem Verstand nur als Beifahrer“.[102]

Und falls du immer noch nicht überzeugt bist, dass Lächeln gut für dich und dein Team ist: Lächeln macht uns sogar reich. Ein Lächeln stimuliert die Belohnungsmechanismen unseres Gehirns auf eine Weise, die selbst Schokolade – eine hochgeschätzte Genussquelle – nicht erreicht. In einer britischen Studie (mit elektromagnetischem Hirnscanner und Herzfrequenzmonitor, um „Stimmungswerte“ zu messen) fanden Forscher heraus, dass ein einziges Lächeln die gleiche Hirnstimulation auslösen kann wie bis zu 2.000 Tafeln Schokolade. Außerdem wirkt das Lächeln so stimulierend wie ein Geldsegen von bis zu 20.000 Euro.[103]

---

100 Coles, N.A., March, D.S., Marmolejo-Ramos, F. *et al.* A multi-lab test of the facial feedback hypothesis by the Many Smiles Collaboration. *Nat Hum Behav* 6, 1731–1742 (2022). https://doi.org/10.1038/s41562-022-01458-9

101 Hennenlotter, A. et al. The link between facial feedback and neural activity within central circuitries of emotion—new insights from botulinum toxin-induced denervation of frown muscles. Cereb Cortex. 19:3537–42, 2009. doi:10.1093/cercor/bhn104

102 Provine, R. Laughter: A Scientific Investigation. Viking Press, 2000, ((Seite ergänzen)).

103 (Obwohl diese Studie häufig zitiert wird, konnte ich die Originalquelle nie finden. Ich frage mich bis heute, wie die Forscher es geschafft haben, Menschen tatsächlich 2.000 Tafeln Schokolade am Stück essen zu lassen ...)

Experiment zum Ausprobieren

Das nächste Mal, wenn du richtig schlechte Laune hast:

1. Lächle 30 Sekunden lang.
2. Dann noch einmal 30 Sekunden.
3. Stell dich anschließend vor den Spiegel, wiederhole das Lächeln und schau dir an, wie du dabei aussiehst.

Dein Gehirn reagiert sofort – ganz egal, wie du dich zuvor gefühlt hast. Dopamin und Endorphine fluten dein System, dein Stresslevel sinkt, dein Körper schaltet auf Wohlbefinden.

Kurz gesagt: Positive Neurodingsdas werden beim Lächeln ausgeschüttet.

Wahrnehmung ist Realität: Sei der Magier

> „Erfolg ist weder magisch noch geheimnisvoll. Erfolg ist die natürliche Folge der konsequenten Anwendung grundlegender Prinzipien." Jim Rohn[104]

Von unseren drei Führungspersönlichkeiten ist es am schwierigsten, der Magier zu sein. Ja, man kann ein Stück weit Zauberkunst lernen – aber viele seiner Eigenschaften sind angeboren, und nur wenige Menschen besitzen sie. Andererseits kannst du auch ein Magier sein, indem du einfach der „Traum-Manager" deiner Leute wirst. In seinem gleichnamigen Buch beschreibt Matthew Kelly, dass Menschen auf allen Ebenen spezifische Unterstützung und Ermutigung brauchen – sonst bleiben ihre Träume für immer nur Träume, und sie werden unzufrieden mit ihrem Leben und ihrer Arbeit.[105] Ein Unternehmen kann nur die beste Version seiner selbst werden, wenn auch die Mitarbeiter zu besseren Versionen ihrer selbst werden. Kelly zeigt die enge Verbindung zwischen den persönlichen Träumen, die wir verfolgen, und unserem Engagement bei der Arbeit.

Es ist also ganz einfach: Wenn du ein Magier-Leader sein möchtest, frage deine Mitarbeiter bei jeder Gelegenheit, bei der du Vertrauen und Loyalität aufbauen willst, nach ihren persönlichen Träumen. Am Ende eines Interviews, eines Feedbackgesprächs oder einer Unterhaltung frage zum Beispiel: „Und übrigens – was ist dein größter Traum?" Ich habe diese Frage oft am Ende von Bewerbungsgesprächen gestellt. Einmal kam eine Person zu mir, den ich ein paar Jahre zuvor interviewt und ihr abgesagt hatte. Er sagte mir, er erinnere sich noch genau an das Gespräch, als ich ihn nach seinem größten Traum fragte – und dass er es nie vergessen würde.

Natürlich reagieren Menschen unterschiedlich. Viele sind überrascht, wenn man ihnen volle Präsenz und ungeteilte Aufmerksamkeit schenkt und ihnen diese persön-

104 Jim Rohn on Twitter Mar 31, 2016;https://x.com/OfficialJimRohn/status/715607549278625792?lang=en.

105 Kelly, M. The Dream Manager. Hachette Books, 2007.

liche Frage stellt. Dabei geht es nicht um Fähigkeiten, Aufgaben oder Ziele, sondern einfach um diesen Menschen. Die meisten fühlen sich dadurch gesehen und wertgeschätzt. Sie genießen das Interesse an ihnen als Mensch.

Probiere aus, was passiert, wenn du diese Frage in deinem Umfeld stellst. Frag die Dame, die die Toiletten im Büro reinigt, nach ihrem größten Traum. Vielleicht erfährst du, dass es ihr Traum ist, dass ihr Sohn eines Tages studieren kann – und dass genau deshalb dieser Job für sie wichtig ist. In dem Moment, in dem du diese Frage stellst, wird ihr bewusst, warum sie in dem Unternehmen arbeitet. Sie erkennt ihren eigenen Antrieb und fühlt sich bestärkt, belohnt und wertgeschätzt.

Das ist ein sehr einfacher und zugleich schöner Weg, die eigene Magie zu entfalten. Ein Magier-Leader ermutigt uns, unsere kühnsten Träume zu träumen. Mittels Visualisierungs-Technik (zu der wir gleich kommen) hilft er dir, sie zu erreichen. Visualisierungen helfen, kraftvolle Träume und die richtigen Pläne und Schritte für deren Umsetzung in die Realität zu erschaffen. Seine Rolle als Dream-Manager ist, Loyalität, Vertrauen und Hingabe zu schaffen (Tabelle 5.2).

Das Risiko für Magier-Leader besteht allerdings darin, ihr Team auszubeuten. Wie wir in der Übung gesehen haben, können Magier Vertrauen aufbauen und Emotionen schaffen. Doch die Geschichte zeigt uns, dass charismatische, demagogische Anführer ihre Anhänger zu schlimmen Taten verführen können. Als Magier-Leader trägst du die Verantwortung, dir deiner Macht bewusst zu sein, sie zu steuern und sie zur Stärkung und Unterstützung deiner Leute einzusetzen. **Lass dich nicht auf die dunkle Seite der Macht ziehen!**

Der Magier: Führung die Sinn vermittelt

Tabelle 5.2: Der Magier: Führung die Sinn vermittelt.

baut auf	balanciert	besteht
Oxytocin erzeugt Liebe, Vertrauen, Sicherheit und Bindung. soziale Beziehungen und Umwelt, um Vertrauen zu gewinnen.	Lächelt, um eine positive emotionale Ansteckung auszulösen.	Ist Traum-Manager – im wörtlichen und übertragenen Sinn.

Werde ein Leader, der Bewunderung in Inspiration verwandelst, indem du eine Vision erschaffst, die so überzeugend ist, dass Menschen dir mit ihren Träumen, Hoffnungen und ihrem Herzen folgen.

Neuland erkunden: Die Führungskraft als Captain

> „Ein Captain sieht dich anders, als du dich selbst siehst.
> Du brauchst einen Captain, der dich antreibt." Sourav Ganguly[106]

Kürzlich gab es vor unserem Haus eine riesige Baustelle mit kontrollierten Sprengungen, gefährlichen Geräten, Dutzenden von Facharbeitern, die dabei waren eine Vielzahl komplexer Probleme zu läsen. Es wurde eine neue Bahnstrecke gebaut, und der Lärm und die Störungen dauerten mehrere Monate lang an. Für mich hatte das den Vorteil, dass ich Führungsstile in herausfordernden Umgebungen direkt vom Wohnzimmer aus beobachten konnte.

An einem Tag war der Lärm so unerträglich, dass ich zu den Arbeitern hinüber ging und mit ihrem Vorarbeiter sprach. Und siehe da: Der Mann war ein perfekter Captain-Typ – mit beeindruckenden Anteilen der beiden anderen Führungsstile. Schon beim ersten Gespräch wurde klar, wie fokussiert er war: „Wenn sie arbeiten, dann arbeiten sie. In unserem Job gibt es keinen Raum für Unklarheit – das wäre lebensgefährlich. Jeder weiß genau, was er zu tun hat, welche Strategie wir verfolgen und welche wichtige Rolle er im Gesamterfolg spielt."

Als Captain vermittelte er seinem Team Sicherheit – durch Klarheit, Entschlossenheit und Richtung. Und als die Mittagspause kam, saß er nicht allein irgendwo, sondern bei seinen Leuten. Er fragte nach, wie es ihnen geht, ob sie etwas brauchen, um ihre Arbeit gut zu machen. Er sprach über das, was sie außerhalb der Baustelle bewegt. Er wusste: Führung heißt nicht nur, Richtung zu geben, sondern auch zu zeigen, dass er für sein Team da ist und hinter ihm steht. Gerade in diesen informellen Momenten entsteht dieses Gefühl. Ein echter Captain weiß: Die Mittagspause ist viel zu wertvoll, um sich im Büro zu verschanzen und nebenbei im Internet zu surfen.

Man kann zwar viel Magie erzeugen, man kann den ganzen Tag für Harmonie sorgen und mit allen nett reden – aber ohne den Captain wird letztlich nichts wirklich erledigt. Er ist unverzichtbar. Wir alle brauchen ihn in uns, um Gehirn zu optimieren.

Den Takt vorgeben: Das Gehirn des Captains entwickeln

> „Wenn die Arbeit des besten Anführers getan ist, sagen die Menschen: ‚Wir haben es selbst geschafft." Lao Tzu

Um dein Gehirn zum Captain zu stärken, gibt es zwei Herausforderungen:

1. Stelle die Voraussetzungen für Handeln und Umsetzung her.

---

106 Sourav Ganguly on India today, Apr 25, 2017 https://www.indiatoday.in/indian-premier-league-2017/news/story/ms-dhoni-sourav-ganguly-rising-pune-supergiant-indian-premier-league-973310-2017-04-24

Stärke die Verbindungen in deinem Gehirn. Erinnere dich an Kapitel 2: Es gibt vier Elemente, die Neuroplastizität ermöglichen – also die Fähigkeit, Neues zu lernen, Veränderungen zu schaffen und Gewohnheiten aufzubauen. Diese vier sind: Bewusstsein, volle Aufmerksamkeit für die Aufgabe, gezieltes Üben und die Bereitschaft, die Verantwortung für das Ergebnis selbst zu übernehmen.

2. Stärke die exekutiven Funktionen.
   Werde der beste Leader, den du sein kannst, wenn es um logisches Denken, Problemlösung und Impulskontrolle geht. Wie wir in den vorherigen Kapiteln gesehen haben musst du sicherstellen, dass im richtigen Moment die richtigen Spieler auf der Bühne stehen und die richtigen Systeme das Kommando haben. Du musst dich selbst kontrollieren können. Nur so kann dein Team konzentriert bleiben. Den präfrontalen Cortex zu stärken, damit er ein starker Gegenspieler zum limbischen System wird, ist entscheidend für emotionale Kontrolle.

Die Rolle des Captains ist es, die sogenannten exekutiven Funktionen[107] zu stärken, die hauptsächlich der präfrontale Cortex übernimmt. Zu diesen Funktionen gehören logisches Denken, Problemlösung, Verständnis, Impulskontrolle, Kreativität und Durchhaltevermögen. Sie sind entscheidend, um mit allem fertig zu werden, was uns begegnet – neue Situationen, Krisen oder Konflikte.

Die Kernaspekte der exekutiven Funktionen – Inhibition (die Fähigkeit, Impulse oder ablenkende Informationen zu unterdrücken), Arbeitsgedächtnis (die Fähigkeit, relevante Informationen kurzfristig zu speichern und zu bearbeiten) und Flexibilität beim Aufgabenwechsel (das schnelle und effiziente Umschalten zwischen verschiedenen Aufgaben oder Denkweisen)[108] – sind von entscheidender Bedeutung für Leader, um schnelle Entscheidungen zu treffen, zu planen und zu überwachen, Probleme zu lösen, zu verhandeln und Innovationen voranzubringen.

Man geht davon aus, dass die Exekutivfunktionen stark daran beteiligt sind, neuartige Situationen zu bewältigen, die sich nicht allein durch die Reproduktion gelernter Reaktionen oder festgelegter Verhaltensweisen erklären lassen. Es gibt fünf Arten von Situationen, in denen die Routineaktivierung von Verhalten nicht ausreicht, um optimale Leistungen zu erzielen:[109]

Situationen,

1. die Planung oder Entscheidungsfindung erfordern,
2. die Fehlerkorrektur oder Troubleshooting erfordern,
3. in denen Reaktionen nicht gut eingeübt sind oder neuartige Handlungsabfolgen enthalten,
4. die gefährlich sind oder technisch schwierig,
5. die erfordern, eine starke Gewohnheitsreaktion zu überwinden oder einer Versuchung zu widerstehen.

---

107 Menon, V. & D'Esposito, M. (2021). The role of PFC networks in cognitive control and executive function. *Neuropsychopharmacology Reviews*, Nature Neuroscience.

108 Malenka, R.C.; Nestler, E.J.; Hyman, S.E. Molecular Neuropharmacology: Higher Cognitive Function and Behavioral Control. In Sydor, A; Brown, R.Y. (eds.). McGraw-Hill Medical, 2nd ed., 2009. pp. 313–321.

109 Diamond, A. Executive functions. Annu Rev Psychol. 64:135–168, 2013. doi:10.1146/annurev-psych-113011-143750

In diesen Situationen sind deine Exekutivfunktionen gefragt. Der Captain-Leader unterstützt deren Aufbau, indem er alle Voraussetzungen für das Handeln schafft. Er legt die Prozesse und Abläufe und die klare Kursrichtung fest, sorgt für Konsistenz und Stabilität und bringt alle auf die gleiche Wellenlänge, damit Menschen und ihr Handeln im Einklang sind.

Die Exekutivfunktionen ermöglichen es uns, gedanklich mit Ideen zu „spielen". Sie geben uns die Fähigkeit, innezuhalten, bevor wir handeln – und damit neue, unerwartete Herausforderungen zu meistern. Menschen mit starken Exekutivfunktionen können Versuchungen widerstehen, haben hohe Selbst- und Impulskontrolle und bleiben konsequent auf das Ziel fokussiert. Sie können ihre Aufmerksamkeit steuern, auf ihr Arbeitsgedächtnis zugreifen und sind kognitiv flexibel. Sie können kreativ „outside the box" denken und Dinge aus verschiedenen Perspektiven betrachten. All das sind Eigenschaften, die du dir für dich und dein Team wünschst!

Doch was schwächt diese Exekutivfunktionen? Drei zentrale Aspekte bestimmen die kognitive Gesundheit: soziale, emotionale und körperliche Gesundheit. Stress, Schlafmangel, Einsamkeit oder fehlende Bewegung beeinträchtigen dich und damit auch deine Exekutivfunktionen.[110]

Neurodingsdas arbeiten dir zu

Der Captain in deinem Gehirn ist verantwortlich für Noradrenalin – das hilft dir, den Fokus zu halten und Initiative zu ergreifen. Gleichzeitig kann er dich unterstützen, Endorphine zu nutzen: Sie lindern Schmerz und bringen dich in einen guten Flow.

Den Kurs korrigieren: Das Gehirn als Captain balancieren

> „Das Gefühlsleben entspringt einem Bereich des Gehirns, der als limbisches System bezeichnet wird, insbesondere der Amygdala, wo Freude, Ekel, Angst und Wut ihren Ursprung haben."
> Nancy Gibbs[111]

Die wichtigste Balance-Aufgabe des Captains ist es, die Akteure aus dem letzten Kapitel im Griff zu behalten – und dafür zu sorgen, dass Miss Piggy und Kermit miteinander auskommen. Gar nicht so einfach! Auf der einen Seite das limbische System, das sofort den Marshmallow essen will, voller Emotionen und spontaner Fehlentscheidungen. Auf der anderen Seite der präfrontale Cortex, der wohlüberlegte, ausgewogene Lösungen anbietet. Diese beiden müssen in Balance bleiben – denn wie beim Bauleiter auf der Großbaustelle kannst du dir in risikoreichen Situationen keine Fehler erlauben.

110 Chan, T.; Wang, I.M.; Ybarra, O. Leading and managing the workplace: The role of executive functions. Academy of Management Perspectives, 2018. doi:10.5465/amp.2017.0215

111 Nancy Gibbs, Emotional Intelligence: The EQ Factor, Time Magazine, October 2, 1995.

Der Captain-Leader muss außerdem das parasympathische und sympathische System ausbalancieren. Er hilft dabei, das Cortisol unten zu halten, während er das Noradrenalin hochfährt – keine einfache Aufgabe, aber lebenswichtig. Das Ziel soll spannend sein, aber nicht zu spannend! Achte darauf, Menschen nicht unnötig zu stressen. Richte die Aufmerksamkeit klar aus, bring Energie ins Spiel – und setz dann deinen Gärtner-Hut auf, um dich um die Bedürfnisse aller zu kümmern.

Neuroleadership bedeutet, Erkenntnisse aus der Neurowissenschaft gezielt für die Führung einzusetzen – das hilft dem Captain, genau diese Balance zu meistern. Neue Forschungen zeigen, dass Führungskräfte, die die Funktionsweise ihres eigenen Gehirns und das ihrer Mitarbeitenden verstehen und steuern, das Arbeitsklima spürbar verbessern können.[112] Indem man bewusst positive Gefühle schafft, entsteht Vertrauen und Zufriedenheit, was Motivation und Leistung fördert. So steuert der Captain seine Mannschaft nicht nur nach Strategie und Logik, sondern auch durch gezielte emotionale Führung, die in herausfordernden Situationen wirksamer ist.

Übung
Miss Piggy und Kermit
Nimm dir jetzt gleich deinen Kalender und blocke wöchentlich einen Zeitraum, um einfach mit deinem Team zusammen Zeit zu verbringen. Nutze das Mittagessen, um deine Leute besser kennenzulernen. Finde Wege, ihnen zu zeigen, dass du hinter ihnen stehst … Frag sie, was sie von dir brauchen.

Dein Team beschützen: Sei der Captain

> „Nicht jede Situation lässt sich vorhersehen oder antizipieren.
> Es gibt keine Checkliste für alles.“ Chesley B. Sullenberger[113]

Am 15. Januar 2009 verlor der US-Airways-Flug 1549 kurz nach dem Start vom LaGuardia Airport den Schub beider Triebwerke, nachdem das Flugzeug mit einer Schar von Wildgänsen kollidiert war. Flugkapitän Chesley Sullenberger erkannte, dass sie keinen Flughafen mehr erreichen würden, und landete das Flugzeug auf dem Hudson River – und rettete so das Leben aller 155 Passagiere und Crewmitglieder. Trotz seiner eigenen Beschreibung dieses Moments als „das schlimmste, bodenlose Gefühl, das mir den Magen umdrehte“ blieb er jederzeit ruhig. Sullenberger verließ das Flugzeug als Letzter, nachdem er sich vergewissert hatte, dass niemand zurückgeblieben war.

---

112 Nuez, Horacio. & Nieves, Julia. & Osorio, Javier. (2023). Neuroleadership: Affective experiences in the workplace and their influence on employees' evaluative judgements. International Journal of Hospitality Management. 114. 103554. 10.1016/j.ijhm.2023.103554.
113 Chesley B. Sullenberger (mit Jeffrey Zaslow), Sully: My Search for What Really Matters, William Morrow, New York 2009, S. 209.

Kapitän Sullenberger ist die Verkörperung eines echten Captains. Die Verfilmung mit Tom Hanks in der Hauptrolle vermittelt sehr gut die enorme Spannung, und wie wichtig es ist, die richtigen Systeme auszubalancieren und aufzubauen. Sie zeigt, wie Sully unter Stress authentisch blieb und Leben rettete. Auch im Angesicht von Widrigkeiten behielt er den Fokus, sodass er Entscheidungen treffen konnte. Keine Sekunde durfte das limbische System die Kontrolle übernehmen. Sully musste die Situation vollständig kontrollieren und seine Exekutivfunktionen nutzen, um das Leben aller zu sichern. **Glaubwürdigkeit, Authentizität und hohe moralische Werte sind unverzichtbar für einen Captain-Leader.**

Er schafft einen sicheren Raum für das Team und übernimmt Verantwortung für die Sicherheit, die grundlegende Stufe in Maslows Pyramide. Denn ohne Sicherheitsnetz, ohne den Captain im Rücken, fängst du keine Aufgabe wirklich an – und wirst nie dein volles Potenzial entfalten.

Gerade in einer Zeit, in der Meinungen schnell verurteilt und Fehler öffentlich ausgestellt werden, wird deutlich, wie sensibel dieser Vertrauensraum geworden ist. Die Cancel Culture[114] hat sich in den letzten Jahren in Organisationen verbreitet und damit die Angst davor, etwas Falsches zu sagen oder zu tun. Das SCARF-Modell (vgl. Seite 59) zeigt, dass neurowissenschaftlich betrachtet soziale Ausgrenzung dieselben Schmerzzentren im Gehirn aktiviert wie physischer Schmerz. Wenn Menschen also fürchten, ausgeschlossen zu werden, schaltet das Gehirn in einen Verteidigungsmodus. Das Ergebnis: weniger Kreativität, weniger Lernen, weniger Mut. Führung, die psychologische Sicherheit schafft, wirkt hier wie ein Gegengift – sie aktiviert das Vertrauensnetzwerk im präfrontalen Cortex und ermöglicht einen ehrlichen Dialog. Ein Captain-Leader erkennt, dass echte Stärke nicht in Kontrolle, sondern in Vertrauen liegt.

Er hört seinen Leuten zu, nimmt sich Zeit, sie zu verstehen. Er steht für etwas: Er zeigt, dass der Unternehmenszweck im Einklang mit den Bedürfnissen, Werten und der Sehnsucht nach Sinn jedes Einzelnen. Er sucht nicht das Rampenlicht, sondern lässt andere glänzen. Er steuert das Schiff so, dass jeder Teil des Erfolgs ist (Tabelle 5.3).

Generation Z, geboren zwischen 1995 und 2010, wird anders motiviert. An sie muss das Modell von „command & control" angepasst werden. Während einige, wie die früheren Generationen, einen Sinn brauchen, der persönlich und gleichzeitig mit den Unternehmenszielen verknüpft ist, gehen viele einfach arbeiten, um sich ihr Leben zu finanzieren. Arbeit ist für sie nicht das Leben, sondern Mittel zum Zweck. Diese Generationen – ähnlich wie die Boomer und ihre Vorgänger – bringen oft weniger intrinsische Motivation mit, ihre Aufgaben zu erfüllen. Deshalb brauchen sie starke Captain-Leader, die klar sagen: „Das machen wir jetzt!"

114 Adeyemi V. The Psychological Impact of Cancel Culture: Anxiety, Social Isolation, and Self-Censorship. Premier Journal of Psychology 2025;2:100005

Doch Vorsicht: Ein Captain, der immer nur Vollgas gibt und voran stürmt, läuft Gefahr, ausgelaugt und mit Blasen an den Füßen allein auf dem Gipfel zu stehen. Du kannst nicht ständig nur nach vorne drängen, ohne auf deine eigenen Bedürfnisse und die deines Teams zu achten. Schau zwischendurch nach, ob alle noch dabei sind und dir wirklich folgen! Der Captain ist extrem wichtig – aber er braucht unbedingt einen guten Gärtner an seiner Seite oder muss selbst gärtnerische Qualitäten entwickeln.

Der Captain: Führung die Orientierung gibt

Tabelle 5.3: Der Captain: Führung die Orientierung gibt.

baut	balanciert	besteht
Voraussetzungen für Handeln und Ausführung den präfrontalen Cortex und die exekutiven Funktionen für emotionale Kontrolle, Mut, Ausdauer und Energie auf. Noradrenalin, um Dinge in Gang zu bringen. Cortisol für Startenergie Endorphine: zur Regulierung von Schmerz und Stress und zur Auslösung von Euphorie	limbisches System versus präfrontaler Korte (Kermit versus Miss Piggy) parasympathetisches versus sympathisches System	Bleibt konzentriert angesichts von Widrigkeiten

In Zeiten, in denen Autorität vom Kollektiv infrage gestellt wird, braucht jedes erfolgreiche Vorhaben dennoch eine Person, die die Verantwortung für die Ausrichtung und die Sicherheit für das Team übernimmt und dafür sorgt, dass es sein Ziel erreicht.

***

Vielleicht bist du von Natur aus ein Gärtner, ein Magier oder ein Captain. Wenn du den Test online gemacht hast, hoffe ich, dass dich das Ergebnis nicht zu sehr enttäuscht hat. Es sollte klar geworden sein, dass keine dieser Rollen für sich allein stehen kann. Sie alle brauchen die Qualitäten der anderen, sonst gerät ein Leader aus dem Gleichgewicht. Wer sich nur auf eine der GMC-Eigenschaften verlässt, kann diesbezüglich zu stark werden und dieses einzelne Persönlichkeitsmerkmal kann sich negativ auswirken. Außerdem erreichst du möglicherweise dein Ziel nicht, weil die nötigen Neurodingsdas nicht richtig ausbalanciert sind.

Wir sind Individuen, die mit Individuen arbeiten. Vergiss nie, dass Menschen sehr unterschiedlich sind und unterschiedliche Bedürfnisse haben. Auch wenn du dir vielleicht die Stärke des Captains, die Magie des Magiers oder die Liebe des Gärtners wünschst – deine einzigartigen Eigenschaften werden gebraucht. Menschen gedeihen, wenn die Bedingungen stimmen. Das Ziel ist nicht, alles sein zu wollen, noch nur eine Rolle zu verkörpern, sondern ein bisschen von jeder der drei Rollen zu übernehmen. Und wenn dir das schwerfällt oder es einfach nicht passt, dann hol dir ein paar gute Leute ins Team, die die fehlenden Elemente ergänzen.

Kapitel 6
Tools, Tricks und Taktiken für ein besseres Gehirn

„Wir formen unsere Werkzeuge, und danach formen unsere Werkzeuge uns." Marshall McLuhan[115]

Das eigene Gehirn zu fördern ist nicht nur für (angehende) Leader wichtig – es lohnt sich für alle, die ihre Leistung und ihre Persönlichkeit verbessern möchten. Alles beginnt bei dir als Individuum. Die Frage ist also: Gibt es einfache Wege, wie wir unser Gehirn individuell gestalten können?

Im Laufe der Jahre habe ich viele Techniken erlernt und angewendet, um das Gehirn zu optimieren und auszubalancieren. Es war allerdings nicht immer einfach, diese Ideen und Instrumente für die unterschiedlichen Leader-Typen (Gärtner, Magier, Captain) zu erklären – oft ging ich zu sehr ins Detail oder war zu enthusiastisch.

Um dein Gehirn zu fördern, kannst du Meditation, Ernährung, Bewegung nutzen. Oder psychedelische Erfahrungen machen, High-Tech-Tools oder New-Age-Methoden einsetzen. Die Ansätze sind vielfältig – und gerade deshalb oft zu komplex.

Die Herausforderung lautete: Wie kann ich die relevanten Dinge vermitteln, ohne zu sehr ins Detail zu gehen, ohne Wichtiges zu vergessen oder unnötige Kleinigkeiten hinzuzufügen, ohne zu selbsthilfemäßig zu klingen, ohne Fakten mit Meinungen zu vermischen – und trotzdem den Fokus zu behalten und die Leser zu fesseln?

Wie lässt sich aus der Fülle an Ratschlägen, Weisheiten und Forschungsergebnissen das Wesentliche extrahieren?

Ich entschied mich, den Rat von Douglas Adams[116] zu befolgen und mir zuerst ein Handtuch zu schnappen. (Das Handtuch kommt in seinem Buch vor. Ich weiß bis heute nicht, was es damit auf sich hat, aber vielleicht ist es einfach etwas, das man festhalten kann, um sich nicht alleine zu fühlen.) Dann erinnerte ich mich an eine schlaflose Nacht, in der ich endlos das Internet durchstöberte und verschiedene Large Language Models bemühte– auf der Suche nach dem perfekten Kopfhörer. Ich wälzte Dutzende detailliert beschriebene Testberichte, inklusive unzähliger technischer Impedanzwerte für Bass und Höhen unter bestimmten Bedingungen ... für Hunderte von Geräten. Ich geriet so tief in das Labyrinth der Überinformation, dass es mich völlig lähmte, überhaupt eine Entscheidung zu treffen. Dabei wollte ich doch nur eins: ein Headset, das in „schwierige Ohren" passt (ja, ich habe komplizierte Ohrmuscheln), mit dem ich sowohl gut Musik hören als auch ordentlich telefonieren kann.

Vier Stunden später stieß ich auf einen jungen Blogger, der sagte: „In meinem 5-Minuten-Video gebe ich dir die kompaktesten Fakten zu ABC, so dass du eine schnelle

115 Marshall McLuhan, Understanding Media, The Extensions of Man (1964).
116 Adams, D. Per Anhalter durch die Galaxis. Rogner & Bernhard, 1981.

https://doi.org/10.1515/9783112234099-007

Entscheidung zu DEF treffen kannst, die es dir ermöglicht ... dein perfektes Headset auszuwählen!" – Eine Offenbarung.

Genau das habe ich mir für dieses nächste Kapitel vorgenommen. Mir ist vollkommen bewusst, dass ich von einer Vielzahl intelligenter Menschen ausgelacht, kritisiert und ignoriert werden werde – zurecht, weil ich eine Menge Daten weggelassen, Hightech-Lösungen ausgespart und schnelle Brain-Hacks vermieden habe! Ich weiß. Es war Absicht. Ich möchte, dass du dein perfektes Headset für dein Gehirn findest.

Eine Studie der Harvard T.H. Chan School of Public Health[117] zeigt: Menschen, die diese fünf Gewohnheiten pflegen, leben länger – gesunde Ernährung, regelmäßige Bewegung, ein gesundes Körpergewicht halten, nicht zu viel Alkohol trinken und nicht rauchen. Klingt nicht so schwer, oder? Wahrscheinlich weißt du das längst. Dein Partner erinnert dich vielleicht regelmäßig daran – und dein Arzt bei den Vorsorgeuntersuchungen. Das ist „normale" Beratung. Der Trick liegt darin, auch wirklich das zu tun, von dem du überzeugt bist, dass es dir guttut.

Schlaf: Seliges Abschalten für unser Gehirn?

> „Schlaf ist die goldene Kette, die Gesundheit und unseren Körper miteinander verbindet." Thomas Dekker

Das immer präsente, hochdynamische Umfeld, in dem wir arbeiten und leben, fordert zunehmend mehr unsere Aufmerksamkeit. Der einzige Weg, wie viele versuchen, diese Aufmerksamkeit aufzubringen, ist, weniger zu schlafen. Du kennst bestimmt Menschen, die sagen: „Ich brauche keinen Schlaf. Ich kann schlafen, wenn ich tot bin. Ich brauche nur fünf Stunden Schlaf, das reicht mir." Sie irren sich. Heute wissen wir: Schlaf ist nicht nur für den Körper notwendig, das Gehirn braucht ihn noch dringender. Wir dürfen uns nicht länger herausreden, sondern müssen eine Schlafhygiene entwickeln um unseren Gehirnen und Körpern die Chance zu geben, sich zu erneuern – für unsere mentale und kognitive Gesundheit.

Das Gehirn braucht Schlaf dringend, denn nur im Schlaf kann es einige entscheidenden Dinge erledigen. Schlaf bringt unser Gehirn zurück in den parasympathischen Modus und senkt den Spiegel von Cortisol und Noradrenalin. Während des Schlafs kommt unser Gehirn zur Ruhe. So sehr es im Trend liegen mag, mit wenigen Stunden Schlaf zu prahlen, um besonders lange zu arbeiten und Nächte durchzumachen – du schadest damit deiner Gesundheit, verkürzt deine Lebensspanne, verringerst deine Effizienz als Führungskraft und machst dich dümmer.

117 Harvard Health Publishing (Harvard Medical School): Five healthy habits net more healthy years 2020; https://www.health.harvard.edu/blog/five-healthy-habits-net-more-healthy-years-2020021918907

Zu wenig Schlaf macht dumm

Wie viel Schlaf reicht? Sechs Stunden? Acht? Zehn? Wir sind alle Individuen, und es gibt keine allgemeingültige Regel. Aber: Wir bewegen uns im richtigen Rahmen, wenn wir zwischen siebeneinhalb und maximal neun Stunden schlafen. Unter siebeneinhalb Stunden gelingt es nicht ausreichend, Cortisol und Noradrenalin zu reduzieren, und du bekommst nicht genug Erholung. Über neun Stunden zu schlafen könnte deine Lebensspanne sogar verkürzen.

Schlafforscher sind sich in einem Punkt sicher: Heute können wir mit technischen Geräten, den sogenannten Wearables (wie Smartwatches oder Fitness-Ringe), unsere eigenen Schlafzyklen überwachen, herausfinden, verfolgen und anpassen, sodass wir genug REM- und Tiefschlafphasen haben – denn genau dann passiert die „Magie“. Je weniger Schlaf du bekommst und je länger du wach bleibst, desto mehr ähnelt die Funktionsweise deines Gehirns der einer Person unter Alkoholeinfluss. Konzentration, kognitive und exekutive Fähigkeiten lassen nach, ebenso wie die allgemeine Aufmerksamkeit. Nur wenn du ausreichend geschlafen hast, kannst du logische Entscheidungen treffen.[118]

Schlafmangel hat dramatische Auswirkungen auf unsere geistigen Fähigkeiten und unser Wohlbefinden. Dabei gibt es zwei Hauptbereiche, die betroffen sind:[119] Wachsamkeit und Aufmerksamkeit sowie bestimmte Gehirnstrukturen und -funktionen. Als Führungskraft kannst du es dir nicht leisten, gegenüber deinen Mitarbeitern, deinem Umfeld und deinen Zielen weniger wachsam oder aufmerksam zu sein. Versage dir deshalb nicht den erholsamen Schlaf, denn er ist für die Erneuerung unseres Gehirns und dessen „Grundreinigung” unerlässlich.

Schlafen, um sich zu erinnern

Was passiert im Schlaf?[120] Neuere Erkenntnisse beschreiben Schlaf als einen Zustand des Gehirns, der die Gedächtniskonsolidierung optimiert. Während wir schlafen, durchlaufen wir unsere Erinnerungen, verschieben sie vom Kurzzeit- ins Langzeitgedächtnis und löschen einige weniger wichtige. Es geht dabei nicht nur um die Speiche-

---

118 Podcast: The Science of Sleep Revealed: How To Hack Your Sleep with Dr. Daniel Gartenberg. https://www.successpodcast.com/show-notes/2020/1/8/the-science-of-sleep-revealed-how-to-hack-your-sleep-with-dr-daniel-gartenberg

119 Alhola P, Polo-Kantola P. Sleep deprivation: Impact on cognitive performance. Neuropsychiatr Dis Treat. 2007 Oct;3(5):553–567. PMCID: PMC2656292https://www.ncbi.nlm.nih.gov/pmc/articles/PMC2656292.

120 Rasch B, Born J. About sleep's role in memory. Physiol Rev. 2013;93:681–766. doi:10.1152/physrev.00032.2012

rung schöner Erinnerungen an Cockapoos, lange Arbeitssessions oder die Anfangszeilen der *Muppets.* Gedächtnisbildung ist Lernen.

Während des Schlafs speichert das Gehirn Lerninhalte an den richtigen Zugriffsstellen, sodass sie leicht abrufbar sind. Es verknüpft verschiedene Lerninhalte miteinander. Neue Informationen werden in bestimmten Schlafphasen „wiederholt", um gefestigt und gespeichert zu werden. Schlaf ist somit ein entscheidender Faktor beim Lernen und wirkt sich direkt auf die kognitive Leistungsfähigkeit aus.

Schlauer schlafen

Schlafentzug hat einen schädlichen Einfluss auf die kognitive Leistungsfähigkeit. Entgegen der lange Zeit vertretenen Ansicht, dass Schlafprobleme lediglich Symptome psychiatrischer Störungen seien, gibt es zunehmend experimentelle Belege für einen komplexen, wechselseitigen Zusammenhang.[121] Forscher und Kliniker sind sich heute einig: Schlafhygiene ist eine Säule des neuroprotektiven Lebensstils (einer Lebensweise, die aktiv die Gesundheit und Widerstandsfähigkeit des Gehirns fördert und schützt).[122] Es gibt überzeugende Hinweise darauf, dass Schlaflosigkeit ein ursächlicher Faktor für das Auftreten psychotischer Erfahrungen und anderer psychischer Probleme ist. Das könnte auch bedeuten: Wer gut schläft, kann sein Risiko für psychische Erkrankungen senken. Studien zeigen außerdem, dass Schlafmangel dazu führen kann, dass sich ein Protein im Gehirn ansammelt, das mit Alzheimer in Verbindung gebracht wird[123] – ein weiteres starkes Argument, auf ausreichend Schlaf zu achten.

Das Gehirn verfügt nämlich über ein eigenes Entsorgungssystem für Abfallproteine wie Amyloid-Beta und Tau (die Hauptbestandteile der Plaques bei Alzheimer) und andere Stoffwechselendprodukte (die täglich im Gehirn anfallenden Abfallstoffe). Das glymphatische System und die Gliazellen (Neuroglia) arbeiten überwiegend im Schlaf. Gliazellen sind Zellen im zentralen Nervensystem (Gehirn und Rückenmark), die die Neuronen unterstützen und schützen, deswegen sind sie sind sehr wichtig.

Die neueren Erkenntnisse zeigen: Das Gehirn entsorgt Abfallprodukte ähnlich wie das lymphatische System, das mit seinen Lymphknoten Abfälle im Körper beseitigt. Wird dieser Reinigungsprozess durch Schlafmangel gestört, wird die Entsorgung

---

121 Krystal, M.D., M.S. Psychiatric disorders and sleep. Neurol Clin. 2012 Nov;30(4):1389–1413. doi: 10.1016/j.ncl.2012.08.018

122 Freeman, D., Sheaves, B., et al. The effects of improving sleep on mental health. The Lancet Psychiatry, Vol. 4, Issue 10, P749–758, October 01, 2017.

123 Shokri-Kojori, E., et al. β-Amyloid accumulation in the human brain after one night of sleep deprivation. PNAS April 24, 2018;115(17):4483–4488. https://doi.org/10.1073/pnas.1721694115

von „Gehirnmüll" behindert[124] – und so das Risiko für neurodegenerative Erkrankungen wie Alzheimer gesteigert.

Die Neurodingsdas im Schlaf

Traumschlaf wirkt wie ein faszinierender neurochemischer Balsam. Nur in diesen Phasen, in denen du träumst, schaltet das Gehirn das stressbezogene Noradrenalin ab. Jetzt wird Dopamin ausgeschüttet – das Glücks- und Belohnungshormon –, das unseren Körper und Muskulatur gleichzeitig „lähmt", damit wir Träume nicht „ausagieren". So schützt uns der Körper vor uns selbst, selbst wenn wir im Traum die wildesten Abenteuer erleben.

Schlaf unterstützt zudem die emotionale Kontrolle und stärkt unsere exekutiven Funktionen. Diese sind unter anderem für logisches Denken, Problemlösung, Verständnis, Impulskontrolle, Kreativität und Ausdauer zuständig. Schlafmangel verstärkt hingegen die Reaktivität auf negative Reize und die Anziehungskraft positiver Reize. Deine Fähigkeit, mit Miss Piggy zu verhandeln oder den Keksen zu widerstehen, ist dann stark eingeschränkt.[125]

Doch nicht nur unser Kopf-Gehirn braucht Schlaf, um den Hormonhaushalt zu regulieren. Das hat Auswirkungen auf alle Körpersysteme, von der Verdauung bis zum Herzen. Das Herz profitiert enorm davon, nicht ständig im Action-Modus zu sein. Der Darm hat Zeit zu verdauen und das Mikrobiom im Darm zu pflegen, das für das Immunsystem so wichtig ist.

Die Kunst zu schlafen

- Nutze Technologie, um deine individuellen Schlafbedürfnisse zu ermitteln. Ein Gerät zur Gesundheitsüberwachung hilft deine Schlafzyklen zu erheben.
- Halte dein Schlafzimmer kühl. Ideal sind 18 °C – was ich ehrlich gesagt nie schaffe, da ich mich erst bei 23,5 °C wohlfühle; sonst wache ich alle fünf Minuten auf und suche meine Decke.
- Vermeide oder reduziere Alkohol am Abend. Auf keinen Fall Alkohol oder schweres Essen zwei Stunden vor dem Schlafengehen. Ganz ehrlich: Das ist ein Rat, der wahrscheinlich nur für Supermenschen umsetzbar ist. Mein südländischer Lebensstil mit viel Rotwein und einer mehrgängigen Hauptmahlzeit um 21 Uhr passt da nicht besonders gut ...

124 The sleep deprived brain. Dana Foundation, 2019.https://www.brainfacts.org/thinking-sensing-and-behaving/sleep/2018/the-sleep-deprived-brain-073118

125 Gujar, N., Yoo, S.-S., et al. Sleep Deprivation Amplifies Reactivity of Brain Reward Networks. J Neurosci, 2011 Mar 23;31(12):4466–4474. doi:10.1523/JNEUROSCI.3220-10.2011

- Halte dein Zimmer dunkel und ruhig. Ohrstöpsel helfen – auch gegen einen schnarchenden Partner.
- Vermeide Ablenkung durch digitale Geräte vor dem Schlafengehen. Schalte alle externen Störquellen zwei Stunden vor dem Schlaf aus, damit dein Gehirn in den nötigen Regenerationsmodus kommt. Lies besser ein Buch.

Fällt es dir schwer Ablenkungen abzuschalten? Im Folgenden zeige ich, wie du Gedankenwandern (mind wandering) nutzen kannst, um dein Gehirn dazu zu bringen, zur Ruhe zu kommen.

Meditation und Mind-Wandering: die Muckibude fürs Gehirn

„Nicht jeder, der wandert, ist verloren." J.R.R. Tolkien

Wenn du darüber nachdenkst, was du konkret tun kannst, um dir ein besseres Gehirn aufzubauen, dann gehört Meditation – oder bewusstes Mind-Wandering – zu den wirksamsten Maßnahmen überhaupt. Mind-Wandering (oder Gedankenabschweifen) ist der natürliche, unkontrollierte Zustand des Gehirns, in dem die Aufmerksamkeit von der äußeren Welt zu inneren Gedanken, Erinnerungen oder Plänen abschweift. Meditation hingegen lehrt, diesen Zustand des Abschweifens bewusst wahrzunehmen und die Aufmerksamkeit sanft zum Hier und Jetzt zurückzuführen. Meditation bedeutet, dich mit deinem eigenen mentalen Leben vertraut zu machen – mit Gedanken, Gefühlen und Mustern. Dieser Prozess führt zu langfristigen Veränderungen in Denken und Emotionen. Noch ist vieles darüber unerforscht, doch die letzten Jahre haben einen regelrechten Hype ausgelöst – was wiederum bei manchen Skepsis geweckt hat. Wenn ich in meinen Vorträgen frage, wer regelmäßig meditiert, heben meist nur 10–20 Prozent der Anwesenden die Hand.

Ich selbst bin ein Fan des Buddhismus, einer Lebensphilosophie, die darauf abzielt, ein guter Mensch zu sein und sich selbst und seine Umwelt bewusster wahrzunehmen. Buddhisten kalibrieren ihr Gehirn jeden Tag neu, indem sie meditieren.[126]

Meditation baut Gehirnmuskeln auf

Die gute Nachricht: Neue Forschungen zeigen, dass Langzeit-Meditierende vermehrt bestimmte Wellen im Gehirn erzeugen – quasi ein „Stammhirn-Fitnessprogramm" für

126 Hanson, Rick & Mendius, Richard. (2009). *Buddha's Brain: The Practical Neuroscience of Happiness, Love, and Wisdom.* New Harbinger.

mehr Entspannung und Klarheit.[127] Die weniger gute Nachricht: Du musst zwar nicht gleich wie ein buddhistischer Mönch tagelang meditieren, aber regelmäßige Übung ist trotzdem erforderlich.

Einfluss von Meditation auf Gehirnwellen (Tabelle 6.1)
Die folgende Tabelle veranschaulicht, wie Schlaf und Meditation unterschiedliche Gehirnwellen beeinflussen. Schlaf lässt dich vor allem in die Theta- und Delta-Wellen eintauchen – Zustände, die für körperliche Erholung und Regeneration essenziell sind. Meditation fördert überwiegend die Aktivität in den Theta- und Alpha-Bereichen, die mit geistiger Klarheit, Entspannung und kreativer Offenheit verknüpft sind.

Tabelle 6.1: Frequenzbereiche von Gehirnwellen und ihre Bedeutung.

Frequenzbereich	Wellenart	Typische Wirkung u. Bedeutung
> 40 Hz	Gamma	Kurzzeitige Phasen intensiver geistiger Aktivität,
13–39 Hz	Beta	Aktives Denken, Konzentration, kognitive Verarbeitung
8–12 Hz	Alpha	Ruhiger, wacher Zustand, Stressminderung, geistige Erholung
4–7 Hz	Theta	Tiefe Meditation, kreative Inspiration, Flow, emotionale Offenheit
< 4 Hz	Delta	Tiefschlaf, körperliche Regeneration

Gamma-Wellen sind bei Praktizierenden von Meditation mit jahrelanger Erfahrung (über tausend Stunden) zwar bekannt als Auslöser für kurzzeitige Hochphasen geistiger Aktivität bei „normaler“ Meditation steigen vor allem Alpha- und Theta-Rhythmen an. Diese Gehirnwellen korrelieren mit tiefer Entspannung, wachsender Klarheit und erhöhter kreativer Offenheit. Dadurch trainiert Meditation das Gehirn, Ruhe und Fokus zu vereinen – eine Kombination, die sich positiv auf geistige und körperliche Gesundheit auswirkt und gerade in Führungsrollen unschätzbar wertvoll ist, weil sie hilft, auch in turbulenten Zeiten gelassen Entscheidungen zu treffen und souverän zu agieren.

Gammawellen oder Elektroschock?

Für manche Menschen ist Meditation zur Gewohnheit geworden. Sie kennen die langfristigen Vorteile und genießen ihre tägliche Meditationspraxis. Ich weiß jedoch, dass es nicht leicht ist, Meditation zur Gewohnheit zu machen, weil wir andere, tiefer sitzende Gewohnheiten haben, wie uns beispielsweise mit Internetsurfen oder Netflix abzulenken.

127 Duda, A. T., Clarke, A. R., Barry, R. J., & De Blasio, F. M. (2024). Mindfulness meditation is associated with global EEG spectral changes in theta, alpha, and beta amplitudes. *International Journal of Psychophysiology*, 206, 112465. https://doi.org/10.1016/j.ijpsycho.2024.112465

Meditation ist nicht jedermanns Sache. Einige Menschen ziehen tatsächlich Elektroschocks vor. Studien[128] haben gezeigt, dass die Teilnehmer es nicht aushielten, sechs bis 15 Minuten allein in einem Raum zu verbringen, mit nichts anderem als ihren eigenen Gedanken – eine Art Mini-Meditation. Stattdessen entschieden sich die Teilnehmer für eine eher masochistische Aktivität: 67 Prozent – zwei von drei Teilnehmern – zogen es vor, sich selbst Elektroschocks zu verabreichen, anstatt mit sich und ihren Gedanken allein zu sein.

Schau dich einmal um – beobachte Kollegen und Mitarbeiter. Wenn du meditierst, dann sind diese statistisch gesehen Selbst-Elektroschocker! Die meisten Menschen tun lieber irgendetwas – selbst Negatives oder Schmerzhaftes – als einfach nichts.

Die Neurodingsdas in der Meditation

Meditation bewirkt großartige Dinge – nicht nur im Gehirn, sondern auch im Körper. Sie stimmt das Immunsystem ein (d. h. sie sorgt für eine ausgeglichenere Reaktion auf Stress und Krankheitserreger) und stärkt sogar physisch bestimmte Teile des Gehirns. Eine Reihe von Studien hat einen Zusammenhang zwischen Meditation und Wachstum in der kortikalen Dicke oder Dichte der grauen Substanz festgestellt.[129] Die graue Substanz ist der Bereich des Gehirns, der überwiegend aus Nervenzellkörpern (Neuronen) besteht und für die Verarbeitung von Informationen (Denken, Erinnern) zuständig ist. Eine höhere Dichte bzw. Dicke bedeutet eine physische Stärkung dieser Areale.

Meditationspraxis macht aufmerksamer, reduziert Angst sowie Anzeichen von Depression, Furcht und Ärger. Kurz gesagt: Sie trainiert genau das, was eine gute Führungskraft braucht – emotionale Kontrolle, exekutive Funktionen und innere Balance. (Übrigens: Es gab einige Zeit lang sogar geführte Meditationen zum Runterkommen nach der süchtig machenden Serie „*Game of Thrones*“!)

Aber Meditation tut nicht nur deinem „Kopf-Gehirn“ gut – auch deine beiden anderen Gehirne profitieren. Während der Meditation kommt dein Nervensystem in den parasympathischen Modus, dein Darm kann sich erholen und in Ruhe Dinge „verdauen“, dein Immunsystem wird unterstützt, und dein Herz schlägt ruhiger, gleichmäßiger und damit gesünder.

Die Relevanz mentaler Entspannungstechniken ist durch die Erfahrungen der letzten Jahre noch deutlicher geworden. Die Pandemie hat weltweit die Bedeutung mentaler Widerstandskraft verdeutlicht. Neue Erkenntnisse belegen, dass Führungs-

---

128 Wilson, T. Just think: The challenges of the disengaged mind. Science, 4. Juli 2014.

129 Lazar, S., Kerr, C., Wasserman, R., et al. Meditation experience is associated with increased cortical thickness. NeuroReport. 2005 Nov 28;16(17):1893–97. doi:10.1097/01.wnr.0000186598.66243.19

kräfte durch Achtsamkeits-Training und die in diesem Kapitel beschriebenen Praktiken ihren Stress besser regulieren können.[130] Diese Stärkung der Resilienz wirkt sich nicht nur auf die Leistung des Einzelnen, sondern auch auf die Widerstandsfähigkeit des gesamten Teams aus.

Mind-Wandering stärkt das Gehirn

Ich bewundere Menschen, die täglich meditieren – aber für viele klingt das fast zu esoterisch oder schlicht nach einer weiteren Aufgabe im ohnehin vollen Kalender. Also: Gibt es einfachere Alternativen? Ja – die gibt es: Mini-Meditationen beim Zähneputzen, Duschen oder Gemüse schneiden.

Mind-Wandering – oder, wie deine Mutter es vielleicht nannte, „Tagträumen" ist eine Art Mini-Meditation, die sich leicht in den Alltag integrieren lässt, ohne dass eine zusätzliche Aufgabe hinzu kommt, du lässt deine Gedanken dabei einfach schweifen.

Wenn mein Partner mit dem Hund spazieren geht, hört er dabei gerne Podcasts. Ein befreundeter Coach war darüber erstaunt, runzelte die Stirn und sagte: „Wie kannst du einen Podcast hören, wenn du mit dem Hund spazieren gehst? Das ist doch genau die Zeit, um nichts als den Spaziergang, den Hund und dich selbst zu genießen." Was er damit meint ist, die Gedanken beim Wandern wandern zu lassen.

Wenn du also das nächste Mal Gemüse schneidest, dann schneide einfach nur Gemüse. Schalte Bildschirme, Pieptöne, Tweets und Ablenkungen aus. Lass deine Gedanken schweifen, ohne Ziel, ohne Druck. Unter der Dusche: Seif dich ein und lass deine Gedanken treiben. Wenn du so tickst wie ich, bekommst du beim Haarewaschen wahrscheinlich die besten Einfälle. Und gönn dir ein paar Minuten „Zahnbürstenzeit" – ganz bewusst, ohne Multitasking. Das ist die alltagstaugliche kleine Schwester der Meditation.

Mind-Wandering-Zeit ist nicht nur etwas für dich selbst, sondern auch ein Geschenk, das du als Führungskraft deinem Team machen kannst. Sorge für kleine Freiräume im Alltag. Plane nicht jede Stunde durch, sondern ermögliche stille Momente im Arbeitsalltag und in der Woche.

Und hier ist ein weiterer Ansatz für mentale Erholung: Nicht nur Meditation oder das Wandern der Gedanken helfen, das Gehirn ins Gleichgewicht zu bringen, sondern auch bewusste Pausen von der digitalen Dauerflut wirken sich messbar positiv auf unser Wohlbefinden aus. Studien zeigen, dass schon kurze „Digital-Detox"-Phasen, also der bewusste Verzicht auf soziale Medien, das Scrollen oder die permanente Online-Aktivität, die Schlafqualität, das psychische Wohlbefinden und die Stressresistenz

---

130 Chin B, Lindsay EK, Greco CM, Brown KW, Smyth JM, Wright AGC, Creswell JD. Psychological mechanisms driving stress resilience in mindfulness training: A randomized controlled trial. Health Psychol. 2019 Aug;38(8):759–768. doi: 10.1037/hea0000763. Epub 2019 May 23. PMID: 31120272; PMCID: PMC6681655.

verbessern.[131] Offline-Auszeiten von konkreten digitalen Reizen und Bildschirmen fördern Erholung und Selbstregulation. Sie können ein wertvolles Werkzeug sein, um die geistige Klarheit und Aufmerksamkeit zu steigern. Somit stellen sie eine Ergänzung zu Mind-Wandering und Meditation dar, die gezielt dabei hilft, den Kopf freizubekommen.

Fazit: Ob regelmäßig oder nur punktuell[132] – Diese gezielten Entspannungstechniken verändern die Aktivität in denjenigen Hirnregionen, die mit Aufmerksamkeit, Angst, Depression, Stress und sogar mit Heilungsprozessen im Körper zu tun haben. Mind-Wandering, Meditation und Digital Detox verbessern die Leistungsfähigkeit des Gehirns.[133]

Komm in Schwung: Der Körper schafft, was der Geist glaubt

> „Bewegung ist die wichtigste Quelle für die Verbesserung unserer Fähigkeiten.“ Hugh Blair

Wenn dir Meditation nicht liegt und du maximal ein paar Minuten deinen Gedanken nachhängen kannst, dann ab ins Fitnessstudio! Immer, wenn ich selbst zunehmend grummelig werde, weiß ich: Jetzt ist es Zeit ins Schwitzen zu kommen. Mein Favorit ist Cardio-Training – ich merke, dass mein Gehirn dabei zur Ruhe kommt, wenn ich laufe oder auf dem Crosstrainer trainiere. Ich konzentriere mich auf meine Atmung und meine Herzfrequenz. Zu sehen, wie sich meine Herzfrequenz und meine Ausdauer verbessern, gibt mir einen Dopamin-Kick, der mein Belohnungssystem füttert und mich zum Weitermachen motiviert. Aber das ist noch nicht alles: Ich bekomme nicht nur gute Laune (und eine bessere Figur), sondern verbessere auch mein Gedächtnis, stärke mein Immunsystem und halte vielleicht sogar den Alterungsprozess ein wenig auf.

---

131 Ramadhan RN, Rampengan DD, Yumnanisha DA, Setiono SB, Tjandra KC, Ariyanto MV, Idrisov B, Empitu MA. Impacts of digital social media detox for mental health: A systematic review and meta-analysis. Narra J. 2024 Aug;4(2):e786. doi: 10.52225/narra.v4i2.786. Epub 2024 Aug 7. PMID: 39280291; PMCID: PMC11392003.

132 Luders, E., Toga, A.W., et al. The underlying anatomical correlates of long-term meditation: larger hippocampal and frontal volumes of gray matter. NeuroImage, 2009 Jan 14;45(3):672–678. doi:10.1016/j.neuroimage.2008.12.061

133 Vestergaard-Poulsen, P., van Beek, M., et al. Long-term meditation is associated with increased gray matter density in the brain stem. NeuroReport, 2009 Jan 28;20(2):170–174. doi:10.1097/WNR.0b013e328320012a

Krankheiten vorbeugen und Wohlbefinden steigern

Sport ist in der Tat ein Wundermittel. Ein aktiver Lifestyle beugt vielen Arten körperlicher und geistiger Krankheiten vor. Aerobes Training ist dabei am wichtigsten, denn es verändert das Gehirn und fördert die Verbindungen zwischen den verschiedenen Gehirnarealen – das ist Neuroplastizität. Es stimuliert die Ausschüttung von Wachstumsfaktoren für Nervenzellen und ermöglicht eine sogenannte adulte Neurogenese[134], indem es die Produktion neurotropher Faktoren ankurbelt, also der Stoffe, die das Wachstum und Überleben von Nervenzellen unterstützen. Das Ergebnis: Du kannst leichter lernen und dir Dinge besser merken.[135]

Kardio-Training scheint außerdem die Immunantwort[136] gegen Krebszellen zu steigern und das Altern des Immunsystems zu bremsen.[137] Es hilft, entzündliche Prozesse zu reduzieren und kann Herz-Kreislauf-Erkrankungen verhindern: Ein stärkeres Herz pumpt mehr und regelmäßiger Blut durch die Adern und Venen – das schützt vor Plaque-Bildung in den Arterien (Arteriosklerose).

Bewegung trainiert die Neurodingingsdas

Bewegung aktiviert ein ganzes Netzwerk im Gehirn[138], das dank mehr Glutamat, Dopamin und Serotonin so richtig aufdreht. Diese Botenstoffe geben uns Energie, Motivation und machen uns einfach glücklicher.

Faszinierend ist, dass körperliche Aktivität sogar hilft, ein Gehirn, das durch ständige Online-Tätigkeit überreizt ist, wieder ins Gleichgewicht zu bringen. Eine Übersichtsstudie zeigt, dass gezieltes Training bei Menschen mit Internetabhängigkeit messbare Verbesserungen der Gehirnfunktion bewirkt – insbesondere in Bereichen, die Belohnung, Handlungskontrolle und Entscheidungsprozesse steuern.[139]

Anders gesagt: Wer schwitzt, gewinnt zurück, was das Scrollen langsam auffrisst – Konzentration, Impulskontrolle und ein Gefühl dafür, was im echten Leben wichtig

134 Erickson KI, Leckie RL, Weinstein AM. Physical activity, fitness, and gray matter volume. Neurobiol. Aging. 2014 Sep;35 Suppl 2:S20–S28. doi:10.1016/j.neurobiolaging.2014.03.034

135 Gomez-Pinilla F, Hillman C. The influence of exercise on cognitive abilities. Compr Physiol. Jan 2013;3:403–28. doi:10.1002/cphy.c110063

136 Austin B. Bigley, Guillaume Spielmann, Emily C.P. LaVoy, Richard J. Simpson. Can exercise-related improvements in immunity influence cancer prevention and prognosis in the elderly? Maturitas 76, 2013, 51

137 Simpson RJ, Lowder TW, Spielmann G, et al. Exercise and the aging immune system. Ageing Research Reviews, 2012;11(3):404–420.

138 Szuhany KL, Bugatti M, Otto MW. A meta-analytic review of the effects of exercise on brain-derived neurotrophic factor. J Psychiatr Res. 2014 Oct;60C:56–64. doi:10.1016/j.jpsychires.2014.10.003

139 Chen H, Dong G, Li K. Overview on brain function enhancement of Internet addicts through exercise intervention: Based on reward-execution-decision cycle. Front Psychiatry. 2023 Feb 2;14:1094583. doi: 10.3389/fpsyt.2023.1094583. PMID: 36816421

ist. Zwei Studien der Duke University[140] zeigen, dass ein flotter 30-minütiger Spaziergang dreimal pro Woche so wirksam gegen schlechte Stimmung ist wie das Antidepressivum Zoloft. Diese positiven Effekte hielten über Jahre an, solange das Training fortgesetzt wurde. Sport macht glücklich!

Er kann auch unsere Exekutivfunktionen stabilisieren und den präfrontalen Cortex stärken[141] – im ewigen Kampf zwischen Miss Piggy und Kermit hilft das enorm.

Zusammengefasst verändert aerobes Training das Gehirn auf viele Arten positiv:
- Schützt Gedächtnis und Denkfähigkeit
- Steigert die Konnektivität der Gehirnareale, die fürs Erinnern zuständig sind
- Optimiert den präfrontalen Cortex[142], Hippocampus und den medialen Temporallappen
- Regt das Wachstum neuer Blutgefäße und Hirnzellen an
- Hebt die Stimmung, verbessert den Schlaf, reduziert Stress und Angst
- Mindert das Risiko für Krebs, Herz-Kreislauf- und chronisch-entzündliche Erkrankungen
- Kann sogar das Altern des Immunsystems hinauszögern

Also: Wenn dein Team mal wieder einen Energieschub braucht, organisiere einen Teambuilding-Wandertag!

Bring dein effizient faules Gehirn in Schwung

Unsere Gehirne sind effizient faul und wollen Energie sparen. Deshalb müssen wir sie bewusst aus der Komfortzone reißen.

Neben Sport kannst du mit Neurobics („geistige Gymnastik") dein Gehirn herausfordern, neue Verbindungen schaffen und bei der Arbeit sowie zu Hause hellwach bleiben. Wie das funktioniert? Ganz einfach: Mach Gewohntes mal ganz anders!
- Handywechsel: Wenn du das Telefon immer ans linke Ohr hältst, nimm das rechte.
- Putze dir die Zähne mit der nicht-dominanten Hand, während du auf einem Bein stehst (und dabei deine Gedanken wandern lässt).
- Stell Dinge auf deinem Schreibtisch um, verändere sie, tausche sie aus, damit dein Gehirn sie anders wahrnimmt.
- Stell dich selbst auf den Kopf – im Hand- oder Kopfstand.
- Schließe die Augen beim Waschen, Anziehen, Tür öffnen, Schlüssel suchen.
- Wenn du Rockmusik magst, hör Klassik – und umgekehrt.

---

140 Blumenthal, J., et al. Is Exercise a Viable Treatment for Depression? ACSM's Health Fit J. 2012 ((Ausgabe? Datum?))

141 Buckley J, Cohen JD, Kramer AF, McAuley E, Mullen SP. Cognitive control in the self-regulation of physical activity and sedentary behavior. Front Hum Neurosci. 2014;8:747. doi:10.3389/fnhum.2014.00747

142 Guiney H, Machado L. Benefits of regular aerobic exercise for executive functioning in healthy populations. Psychon Bull Rev. 2013 Feb;20(1):73–86. doi:10.3758/s13423-012-0345-4

Diese kleinen, alltäglichen Dinge kosten dein Gehirn kaum Energie – sie sorgen dafür, dass deine Neurodingsdas anspringen. Für einen zusätzlichen Boost: Lerne eine neue Sprache oder ein Instrument.[143]

Man sagt: Veränderung ist so erholsam wie ein Power-Nap – und das gilt auch für dein Gehirn und das deines Teams. Also: Verlegt doch das nächste Meeting in ein anderes Besprechungszimmer. Und für deine Gespräche unter vier Augen: Geh eine Runde mit dem Bürohund spazieren (mehr dazu im nächsten Kapitel).

Zeige Dankbarkeit: Glück ist ein Job von innen

> „Dankbarkeit ist die gesündeste aller menschlichen Emotionen.
> Je mehr Dankbarkeit du für das ausdrückst, was du hast, desto wahrscheinlicher ist es, dass du noch mehr haben wirst, wofür du dankbar sein kannst." Zig Ziglar[144]

Wenn ich mit meinen Coaching-Klienten arbeite, gebe ich ihnen gern Aufgaben, die sie ein wenig aus ihrer Komfortzone herausholen, sie zum Nachdenken bringen und sensibler für die Gefühle anderer machen. Einem Klienten habe ich kürzlich zwei Aufgaben gestellt: „Machen Sie jeden Tag mindestens einer fremden Person ein Kompliment" und „Sagen Sie einem Kollegen, Freund oder geliebten Menschen Danke."

Ich erinnere mich gut an diesen Klienten, der in Bezug auf emotionale Intelligenz ein wenig schwerfällig war. Er probierte das mit dem Kompliment aus, als er in einem Restaurant in den USA beim Essen saß und völlig fasziniert von den kunstvoll lackierten Nägeln der Kellnerin war. Er sprach sie auf das Froschmotiv an und sie strahlte ihn auf seine freundliche Bemerkung hin an, bedankte sich überschwänglich – und er fühlte sich großartig. Diese kleine „emotionale Ansteckung", ausgelöst durch das Kompliment, führte zu einem Moment der Dankbarkeit. Stell dir vor, wie viele positive Vibes die beiden an diesem Tag noch weitergegeben haben!

Emotionale Ansteckung beginnt bei dir

Wenn du jemandem ein Kompliment machst und echte Dankbarkeit zeigst, sorgst du für eine emotionale Ansteckung. Du machst nicht nur die Person, bei der du dich bedankst, glücklich – sondern auch dich selbst.

---

143 Bak, T.H., Vega-Mendoza, M., Sorace, A. Never too late? An advantage on tests of auditory attention extends to late bilinguals. https://www.ncbi.nlm.nih.gov/pmc/articles/PMC4033267

144 Zig Ziglar, „The Gratitude Journey," veröffentlicht auf ziglar.com, URL: https://www.ziglar.com/articles/the-gratitude-journey/

Die Vorteile von Dankbarkeit sind zahlreich. Die Website Happier Human[145] listet mindestens 31 auf, darunter:
- Stärkung positiver Emotionen
- Besserer Schlaf
- Größere innere Zufriedenheit
- Höhere Produktivität

Dankbarkeit wurde lange Zeit unterschätzt, doch Studien haben gezeigt, dass sie reale Vorteile mit sich bringt. So wurden Menschen mit leichter bis schwerer Depression gebeten, über mehrere Wochen ein Dankbarkeitstagebuch zu führen. Jeden Abend vor dem Schlafengehen sollten sie ein paar Dinge notieren, für die sie dankbar waren. Wichtig war, dass sie dies handschriftlich taten. Die Forscher stellten fest, dass diese einfache Übung dazu führte, Depressionen und Stress nachhaltig zu lindern – und zwar auch noch Monate später bei denjenigen, die regelmäßig geschrieben hatten.[146]

Das Aufschreiben dessen, wofür man dankbar ist, aktiviert die Filter im Gehirn (siehe Kapitel 7) – man beginnt, gezielt nach weiteren Dingen zu suchen, für die man dankbar sein kann. Das Gehirn registriert, dass positive Dinge „auf dem Radar" sind, und scannt verstärkt nach weiteren positiven Eindrücken. So entsteht ein positiver Kreislauf der Dankbarkeit. Dr. Alex Korb erwähnt in seinem Buch[147], dass Dankbarkeit uns zwingt, uns auf die positiven Seiten des Lebens zu konzentrieren – was einen dramatischen Effekt auf Depression haben kann.

Sei dankbar für die Neurodingsdas

Wenn wir Dankbarkeit ausdrücken – und wenn uns Dankbarkeit entgegengebracht wird –, schüttet unser Gehirn Dopamin und Serotonin aus, die beiden zentralen Neurotransmitter fürs Wohlbefinden. Sie verbessern unsere Stimmung sofort und machen uns von innen heraus glücklich.

Ein Dankbarkeitstagebuch hilft, Stress besser zu bewältigen, verbessert die Schlafqualität und schärft das emotionale Bewusstsein.[148] Tatsächlich zeigen Untersu-

145 https://www.happierhuman.com/benefits-of-gratitude

146 Lambert, N., Fincham, F., Stillman, T., 2011. Gratitude and depressive symptoms: The role of positive reframing and positive emotion. Cognition and Emotion, 26, 615–633. doi:10.1080/02699931.2011.595393

147 Korb, A. The Upward Spiral: Using Neuroscience to Reverse the Course of Depression, One Small Change at a Time. Kindle edition.

148 Seligman, M.E., Steen, T.A., Park N, Peterson, C. Positive psychology progress: Empirical validation of interventions. Am Psychol. 2005 Jul-Aug;60(5):410–21.

chungen, dass dankbare Menschen einen höheren Anteil von grauer Substanz im Gehirn haben.[149]

Dankbarkeit kann sogar Hirnstrukturen verändern, die an der Regulation von Körperfunktionen beteiligt sind.

Es profitiert nicht nur dein Kopfhirn, auch das Herz- und Bauchhirn ziehen Nutzen aus dem Dopamin und Serotonin. Es gibt Hinweise darauf, dass eine bewusste Dankbarkeitspraxis die Hirnzentren verändert, die Körperfunktionen wie Appetit, Schlaf, Temperatur, Stoffwechsel und Wachstum steuern. Das Mindfulness Awareness Research Center der UCLA fand heraus[150]: Dankbarkeit verändert die neuronalen Strukturen des Gehirns, macht uns zufriedener und ausgeglichener. Dankbarkeit löst die Ausschüttung von Glückshormonen aus und stärkt das Immunsystem. Sie aktiviert das Belohnungszentrum des Gehirns und verändert somit unsere Wahrnehmung von uns selbst und der Welt. Dankbarkeit sorgt ganz nebenbei für besseren und tieferen Schlaf.[151] Ein Gehirn, das voller Dankbarkeit und Freundlichkeit ist, schläft leichter ein, schläft besser durch und wacht erholter auf.[152]

Dankbarkeit reduziert auf neurobiologischer Ebene die Aktivität des für Stress- und Angstgefühle zuständigen sympathischen Nervensystems. Ein ausgeglichenes Verhältnis zwischen Sympathikus und Parasympathikus verbessert unsere Beziehungen und macht uns als Führungskräfte effizienter, wenn es darum geht, Mitarbeiter zu motivieren und ihr Vertrauen zu gewinnen.

Warte nicht, zeig Dankbarkeit!

Ein paar Ideen, wie du Dankbarkeit in dein Leben sowohl beruflich als auch privat einbauen kannst:

- Sag jemandem am Arbeitsplatz, wie sehr du seine Arbeit schätzt.
- Lächle öfter (wir wissen inzwischen, warum).
- Tu jeden Tag eine kleine gute Tat.
- Mach Kollegen, Teammitgliedern oder Freunden ein Kompliment, wenn sie etwas gut gemacht haben.
- Schreib jemandem, von dem du lange nichts gehört hast, eine E-Mail und erinnere an eine schöne gemeinsame Zeit.
- Nimm dir einen Tag pro Woche vor, an dem du dich über nichts beschwerst.

---

149 Zahn, R., Garrido, G., Moll, J., Grafman, J. Individual differences in posterior cortical volume correlate with proneness to pride and gratitude. Soc Cogn Affect Neurosci. 2014 Nov;9(11):1676–83. doi:10.1093/scan/nst158

150 UCLA Health: Gratitude Health Benefits. Online verfügbar unter https://www.uclahealth.org/news/gratitude

151 Friedrich, A., Schlarb, A.A. Let's talk about sleep: A systematic review of psychological interventions to improve sleep in college students. Journal of Sleep Research, 27, 1, 4–22, 2017

152 Digdon, N., Koble, A. Effects of Constructive Worry, Imagery Distraction, and Gratitude Interventions on Sleep Quality: A Pilot Trial. First published 24 May 2011. https://doi.org/10.1111/j.1758-0854.2011.01049.x

- Achte darauf, wenn Mitarbeiter gute Arbeit leisten, und sprich zeitnah Anerkennung aus.
- Belohne Einsatz: Wenn jemand dir etwas Gutes tut, revanchiere dich.
- Bedank dich bei den Menschen, die dir täglich helfen – Putzkraft, Kantinenpersonal, Sekretärin ...
- Sag einmal am Tag (oder in der Woche) etwas Nettes zu jemandem, mit dem du im Clinch liegst oder den du nicht leiden kannst.
- Erkenne in deinen Fehlern die Chance: Du hast gerade etwas Neues gelernt.
- Hilf jemandem – auch wenn es nur mit einer kleinen Geste ist.
- Übe Dankbarkeit zu einer festen Tageszeit: Denke für eine Minute über Gutes und Gelerntes nach.
- Führe, wenn du magst, ein Dankbarkeitstagebuch: Schreibe jeden Abend mit der Hand drei bis fünf Dinge auf, für die du dankbar bist. Während du die Liste machst, verändert sich dein Gehirn, dein Körper schüttet Glückshormone aus, und dein Immunsystem profitiert von deinen positiven Neurodingsdas

Und so könnte das aussehen:

Tabelle 6.2: Dankbarkeits-Awareness – eine einfache Praxis.

Komplimente, die ich mir heute selbst machen möchte:	Aktuelle Herausforderungen und was ich daraus lerne:
Menschen, denen ich dankbar bin:	Wichtige Werte in meinem Leben:

Wenn du nur eine einzige Sache tun magst, dann lächele. Denk daran: Lächeln ist der direkte Weg zum Gehirn eines anderen Menschen. Du spürst die Wirkung unmittelbar in deinem eigenen Körper, wenn Dopamin und Serotonin ausgeschüttet werden. Dieses Lächeln gibst du weiter und steckst andere mit deinen positiven Emotionen an.

Zauberpillen fürs Gehirn? Ein kritischer Blick auf Nootropika

> „Seien Sie vorsichtig beim Lesen von Gesundheitsbüchern.
> Sie könnten an einem Druckfehler sterben.“ Mark Twain

Inzwischen haben wir gesehen, dass wir viel erreichen können, indem wir unser Verhalten anpassen und vermehrt auf Aktivitäten setzen, die wir ohnehin schon tun – wie schlafen, sich bewegen, meditieren oder tagträumen. Vielleicht denkst du jetzt: „Aber gibt es nicht eine Pille, die mein Gehirn verbessert? Wo ist der magische Pilz oder die Wunderwaffe?“ Ja, es gibt Anbieter von Nahrungsergänzungsmitteln, die versprechen, dass eine tägliche Kombination von X, Y und Z dich zum Übermenschen macht – aber stimmt das wirklich? Und solltest du sie überhaupt nehmen?

Booster-Pillen für Übermenschen?

Erinnerst du dich an den Film *Lucy* von Luc Besson? Lucy (gespielt von Scarlett Johannsson) transportiert CPH4, eine hochwirksame synthetische Droge, die ihr in den Bauch eingenäht wurde. Ihr wird in den Magen getreten, sodass eine große Menge des Stoffs in ihren Blutkreislauf gelangt. Dadurch entwickelt sie übernatürliche Fähigkeiten: Psychokinese, Telepathie, Telekinese, mentale Zeitreisen, Schmerzunempfindlichkeit und jede Menge andere Superkräfte. Damit kann sie ihre Entführer überwältigen und flieht.

Viele Menschen hätten gern eine Kostprobe von so einer (fiktiven) Substanz und ihren fantastischen Wirkungen (na ja, vielleicht ohne das Gemetzel und die Toten am Ende ...). Tatsächlich aber werden sogenannte kognitive Enhancer vor allem bei Menschen mit Erkrankungen wie Alzheimer, Parkinson oder ADHS eingesetzt.

Nootropika sind Substanzen – Medikamente, Supplements oder Pflanzenstoffe –, die die kognitive Leistung, wie Gedächtnis, Kreativität, Motivation und Konzentration verbessern können: Typische Vertreter sind Neuro-Vitamine, Aminosäuren, Cholinspender oder Kräuterextrakte. Einige Beispiele und mögliche Wirkungen:

- Melatonin unterstützt die Schlafregulation.
- Kohlenhydrate und Schokolade : Schokolade liefert sowohl den Baustoff für Serotonin als auch Stimulanzien (Theobromin/PEA), die zusammen ein Gefühl von Wohlbefinden und verbessertem Fokus erzeugen. Cholin, Tyrosin, Glutamin beeinflussen Verhalten über Neurotransmitter (z. B. Acetylcholin, Dopamin, GABA).
- DHA, Cholin, Uridin können die Bildung neuer Nervenzellen anregen.
- Choline sollen vor kognitivem Abbau (Alzheimer, Demenz) schützen.

Früher gab es als leistungssteigernde Droge eigentlich nur Koffein. Der zunehmende Wunsch nach Superhirnen (und -körpern) hat aber eine ganz neue Industrie für Wundermittel entstehen lassen. Die Geschwindigkeit und das Multitasking unserer VUCA-Welt (volatility, uncertainty, complexity, ambiguity) lässt uns regelrecht verzweifelt danach streben, besser, schneller, mehr zu sein. Aber sind Nootropika, diese „kognitiven Stimulanzien“, wirklich die Lösung? Eines ist sicher: Magische Mittel gibt es nicht.

Ich kenne ein paar Tech-Leute aus dem Silicon Valley, die jeden Morgen zwischen zwanzig und vierzig Pillen schlucken – darunter Vitamine, Grüntee und ganz klassisch Koffein. Viele dieser Tabletten sollen Gehirn-Booster sein. Aber einige dieser Nahrungsergänzungsmittel und Vitamine stehen inzwischen im Verdacht, mehr zu schaden als zu helfen (und ich spreche nicht nur vom Loch in der Geldbörse – die Produkte sind ziemlich teuer). Das *Wall Street Journal* nimmt diese „supplements“ in einem lesenswerten Artikel[153] kritisch unter die Lupe.

---

153 Chaker, A. M. Nootropic or Not? Brain-Booster Business Raises Concerns. Wall Street Journal, April 10, 2019

Nootropika-Produkte, die sogenannten Neurohacker, werben mit einer Fülle an beeindruckenden Effekten. Um dir zu zeigen, welche Wunderkuren in diesem Markt typischerweise versprochen werden, habe ich hier mal eine „Best-of"-Liste solcher Claims als fiktives Beispiel zusammengestellt.

Typisches Wirkversprechen der Neurohacker-Branche: „Entwickelt für: Lang anhaltende Energie, Verbesserung der geistigen und körperlichen Leistungsfähigkeit, Steigerung der Gedächtnisfunktion und der Produktivität, Förderung der Wachsamkeit und Konzentration. Fördert die Acetylcholin- und Dopamin-Signalübertragung, liefert NAD +-Vorläufer, unterstützt das Serotonin-System, reguliert die antioxidative Abwehr und verbessert die Neuroprotektionsmechanismen."

Dieses Versprechen ist zwar fiktiv kombiniert, aber jeder einzelne Satz spiegelt die typischen Marketing-Claims der Branche wider. Es ist ein Beispiel dafür, welche komplexen Wunder uns oft versprochen werden – aber ohne wissenschaftlichen Beweis dahinter.

Experten betonen: Diese Nährstoffe sollte man sich besser aus einer gesunden Ernährung holen. Ein Bericht des Global Council on Brain Health[154] hat die Studienlage zu verschiedenen Nahrungsergänzungsmitteln untersucht, darunter B-Vitamine, Omega-3-Fettsäuren, Vitamin D, Koffein, Coenzym Q10 und Ginkgo biloba. Das Team stellte fest: Für die meisten Präparate, die angeblich die Gehirngesundheit fördern sollen, gibt es kaum oder widersprüchliche Beweise, dass sie die Gehirnfunktion verbessern oder Demenz verhindern. Das Global Council on Brain Health kann gesunden Menschen bisher nicht empfehlen, Ergänzungen zur Unterstützung des Gehirns zu nehmen – auch wenn sie betonen, dass mehr Forschung nötig sei. Ihr bester Rat ist ganz einfach: „Spar dir das Geld."

Natürliche Brain-Booster, die wirken und kein Vermögen kosten

Es gibt natürliche Nahrungsmittel, die die Gehirnfunktion stärken und die sich ganz einfach in die tägliche Ernährung integrieren lassen. (Was ich allen empfehle.) Die folgenden fünf wichtigen Lebensmittelgruppen sind nachgewiesenermaßen gut für das Gehirn und bilden nebenbei die Grundlage einer gesunden Ernährung, von der auch der Körper profitiert.

1. **Komplexe Kohlenhydrate**
   Komplexe Kohlenhydrate sind der bevorzugte Treibstoff fürs Gehirn, denn sie wirken wie „Zeitkapseln" für Zucker. Einfache Kohlenhydrate sind eher wie eine Zucker-Spritze – zu schnell verfügbar und dann auch wieder verschwunden.

154 The Real Deal on Brain Health Supplements: GCBH Recommendations on Vitamins, Minerals, and Other Dietary Supplements, AARP. June 2019.https://www.aarp.org/content/dam/aarp/health/brain-health/2019/06/gcbh-supplements-report-english.doi.10.26419-2Fpia.00094.001.pdf

Komplexe Kohlenhydrate kommen vor allem in Vollkornprodukten, braunem Reis, Gemüse, Bohnen, Linsen und den meisten Obstsorten vor.

Eine Studie untersuchte den Zusammenhang zwischen dem Konsum von ultraverarbeiteten Lebensmitteln und der kognitiven Funktion bei Kindern im Alter von 4 bis 7 Jahren in China. Die Ergebnisse zeigten, dass der häufige Konsum von Süßigkeiten und süßem Gebäck mit niedrigeren Gesamt-IQ-Werten und einem erhöhten Risiko für kognitive Defizite verbunden war.[155] Dies unterstreicht die Bedeutung einer gesunden Ernährung für die geistige Entwicklung von Kindern.

2. **Essenzielle Fettsäuren**

Albert Einstein hielt Fisch für echtes Gehirnfutter. Von allen wichtigen Nährstoffen, die die Wissenschaft identifiziert hat und die einen positiven Einfluss auf unsere Gehirnfunktion haben, sind essenzielle Fettsäuren (Omega-3- und Omega-6-Fettsäuren) mit am besten erforscht.

Essenzielle Fette sind entscheidend für die mentale, immunologische und kardiovaskuläre Gesundheit. Ein Mangel wird in Verbindung gebracht mit Depressionen, geistigem Abbau, Gedächtnisverlust, Dyslexie, Aufmerksamkeitsdefiziten, mentaler Erschöpfung und Alzheimer.[156]

Während zum Beispiel gesättigte und Transfette dem Gehirn schaden können, sind sich inzwischen zahlreiche Wissenschaftler und Mediziner einig: Mehr Omega-3-Fettsäuren führen zu weniger Entzündungen, niedrigerer Sterblichkeitsrate durch Herzinfarkt, weniger Autoimmunkrankheiten, Verbesserungen der kognitiven Funktion und zur Vorbeugung von Alterserscheinungen im Gehirn.

Omega-3-reiche Lebensmittel sind unter anderem Lachs, Heilbutt, Sardinen, Forelle, Hering, Walnüsse, Leinsamenöl und Rapsöl.

3. **Phospholipide**

Phospholipide werden auch als „Isolationsprofis“ des Körpers bezeichnet, denn sie bilden einen großen Teil des Myelins, das die Nerven ummantelt und die Kommunikation der Nervenzellen verbessert. Zudem helfen sie bei der Produktion von Acetylcholin[157], dem Transmitter, der die Gedächtnisleistung steuert, und unterstützen die sogenannte Methylierung im Körper.

Unser Organismus kann Phospholipide selbst herstellen. Zu ihren Quellen in Lebensmitteln zählen Eier, Innereien, mageres Fleisch, Fisch, Schalentiere, Ge-

---

155 Liu, S., Mo, W., Lei, X., Lv, X., Li, X., Xu, M., Lu, X., Wei, Y., Huang, J., Zeng, G., & Qiu, L. (2023). Association of ultraprocessed foods consumption and cognitive function among children aged 4–7 years: a cross-sectional data analysis.Frontiers in Nutrition, 10, 1272126. https://doi.org/10.3389/fnut.2023.1272126

156 Yehuda, S., Rabinovitz, S., Carasso, R.L., Mostofsky, D. Essential Fatty Acids Preparation Improves Alzheimer's Patients Quality of Life. Int J Neurosci. 1996 Nov;87(3–4):141–9.

157 Wurtman, R., Zeisel, S. Brain Choline: Its Sources and Effects on the Synthesis and Release of Acetylcholine. Aging, 19(3):03–13, 1982

treide und Ölsaaten. Das bekannteste Phospholipid ist Lecithin (benannt nach dem griechischen Wort „lekithos“ für Eigelb).

4. **Aminosäuren**
   Damit das zentrale Nervensystem optimal funktioniert, braucht es diverse Aminosäuren, die in proteinreichen Lebensmitteln stecken. Aminosäuren[158] stellt das Gehirn aus verschiedenen Eiweißen her und nutzt sie zum Bau von Neurotransmittern, z. B. Adrenalin und Noradrenalin, die für Wachheit sorgen.

   Die wichtigsten Quellen für essenzielle Aminosäuren: Lysin kommt in Fleisch, Eiern, Soja, schwarzen Bohnen, Quinoa und Kürbiskernen vor. Fleisch, Fisch, Geflügel, Nüsse, Samen und Vollkornprodukte liefern viel Histidin. Hüttenkäse und Weizenkeime enthalten große Mengen Threonin.
5. **Antioxidantien**
   Antioxidantien schützen unsere Zellen vor Schäden, die zu Alterungsprozessen und Krankheiten führen können. Eine antioxidantienreiche Ernährung hält die Zellen gesund und kann das Risiko für Erkrankungen senken. Es gibt Hinweise darauf, dass Antioxidantien sogar die Denkleistung bei Erwachsenen mittleren Alters verbessern[159] und den Ausbruch von Alzheimer im Alter verzögern können.[160]

   Zu den besonders antioxidantienreichen Lebensmitteln zählen Goji-Beeren, Pflaumen, Artischocken, Himbeeren, Blaubeeren, Erdbeeren, Grünkohl, Rotkohl, Bohnen, Rote Bete und Spinat.

Brain Food und *Mad Men*

Als Führungskraft organisierst du wahrscheinlich eine Menge Meetings. Die Babyboomer unter uns erinnern sich vielleicht noch an die Zeiten, in denen auf den Tischen Schachteln mit Zigaretten herum lagen und das erste Getränk, das man angeboten bekam, ein Glas Whiskey war (wer mal eine Folge *Mad Men* gesehen hat, hat sofort das Bild vor Augen). Das ist sozusagen das eine Ende des Spektrums eines „gehirngesunden” Meetings.

Als Gen-Xer kenne ich noch Meetings, bei denen der Tisch unter einem Berg von Keksen, Tetrapacks, Orangensaft und zuckrigen Limonaden zusammenbrach.

---

158 Nagao, K. „Cognition and nutrition: the role of dietary protein and amino acids in cognitive health.“ Current Opinion in Clinical Nutrition & Metabolic Care 27.1 (2024): 40–46.

159 Beydoun MA, Fanelli-Kuczmarski MT, Kitner-Triolo MH, et al. Dietary antioxidant intake and its association with cognitive function in an ethnically diverse sample of US adults. Psychosom Med. 2015;77(1):68–82. doi:10.1097/PSY.0000000000000129

160 Yasuno, F., Tanimukai, S., Sasaki, M., Ikejima, C., Yamashita, F., Kodama, C., Mizukami, K., Asada, T. Combination of Antioxidant Supplements Improved Cognitive Function in the Elderly. J Alzheimers Dis. 2012;32. doi:10.3233/JAD-2012-121225

Wichtig ist: Ob unser Körper und Gehirn gesund ist, hängt nicht nur davon ab, was wir essen, sondern auch davon, was wir nicht essen. Die allgegenwärtige Fast-Food-Ernährung in Kombination mit dem langen Sitzen auf der Couch ist weder gut für den Po noch für's Gehirn. Besonders heimtückisch sind die Blutzuckerspitzen, wenn wir Weißbrot, zuckerhaltige Limonaden oder Süßigkeiten essen: erst der schnelle Insulin-Kick, dann 30 Minuten später der tiefe Absturz – Müdigkeit, Konzentrationsloch, das Gehirn ist im Stand-by-Modus.

Das ideale Buffet für ein gesundes Gehirn aller Beteiligten und für ein effektives Meeting besteht aus einer Mischung aus Nüssen, etwas Obst sowie Wasser, Kaffee und Tee. Damit halten deine Mitarbeiter ihren Energiehaushalt – im Körper wie im Kopf – stabil und du kannst über längere Zeit das Beste aus ihnen herausholen.

Ein Wort der Warnung

Ich habe viele Jahre in der Arzneimittelforschung gearbeitet. Damit ein Produkt seine Wirksamkeit wirklich beweisen kann, muss es zahlreiche Studien durchlaufen – im Idealfall „multizentrisch, randomisiert, doppelblind und placebokontrolliert". Bei den aktuell verfügbaren nicht-natürlichen Nootropika ist bislang keines in überzeugender Weise als wirksam und sicher belegt. Das ist ein ernstzunehmendes Problem. Die Gesundheitsbehörden wissen im Grunde selbst nicht so recht, wie sie diese neuen Substanzen einordnen sollen: Sind es Nahrungsergänzungen oder echte Medikamente? Es gibt schlicht zu viele Unbekannte.

Nicht vergessen: Alles, was wir in den Mund nehmen, geht erst durch den Magen und dann durch den gesamten Körper – bevor (und falls) es überhaupt das Gehirn erreicht! Unser Wunsch, den Geist mit einer Pille zu fördern, bedeutet also: Wir schleusen eine unbekannte Substanz durch den ganzen Organismus. Wir hoffen auf eine elegante „Aufrüstung" des Denkens, wissen aber kaum etwas darüber, wie das den Rest des Körpers beeinflusst. Vernünftiger ist es, bewusst auf die Ernährung zu achten, die Kekse und Marshmallows stehen zu lassen und stattdessen lieber Gemüse zu schnippeln. Ich persönlich glaube, dass es im Moment sicherer ist, bei Kaffee, Schlaf und gesunder Ernährung zu bleiben.

Falls es dir nicht gelingt, über die tägliche Ernährung genügend der für dein Gehirn wichtigen Nährstoffe zu bekommen, gilt: Die wahrscheinlich sichersten kognitiven Booster sind die natürlichen.[161] Diese gibt es auch in Ergänzungsform und meist bestehen sie aus Vitaminen, Fettsäuren, Antioxidantien, Aminosäuren, Mineralstoffen und pflanzlichen Inhaltsstoffen.

161 Wang, Z.-Y., et al. (2025). Effects of natural extracts in cognitive function of healthy adults: a systematic review and network meta-analysis. *Frontiers in Pharmacology*, 2025. https://www.frontiersin.org/journals/pharmacology/articles/10.3389/fphar.2025.1573034/full

Bekämpfe den inneren Schweinehund und überwinde Prokrastination

> „Der Geist ist sein eigener Ort, und in sich selbst
> kann er aus der Hölle einen Himmel, aus dem Himmel eine Hölle machen.“ John Milton, *Paradise Lost*

In einer Zeit ständiger audiovisueller Überreizung, Ablenkungen und des gefühlten Zwangs zum Multitasking ist es für uns als Führungskräfte – und für unsere Mitarbeitenden – von entscheidender Bedeutung, die Fähigkeit zu bewahren uns konzentrieren zu können. Wenn du nicht mit Energie und Entschlossenheit an eine Aufgabe herangehst, gerätst du schnell in die Aufschieberitis.

Aristoteles nannte dieses Verhalten „akrásia“ – eine „Schwäche des Willens“, also den Zustand, in dem man gegen sein besseres Wissen handelt. Später wurde der Begriff mehrfach in der Bibel genutzt, wo er als „Sünde des Geistes“ bezeichnet wird. Apostel Paulus warnte Ehemänner und -frauen sogar davor, akrásia als Ausrede zu nehmen, um sich gegenseitig den Sex zu verweigern! Es gibt also durchaus gewichtige Gründe, den inneren Schweinehund in den Griff zu bekommen.

Der innere Schweinehund hält dich davon ab, die Dinge anzufangen, die auf deiner persönlichen oder beruflichen To-do-Liste stehen. Du weißt genau, was du tun musst, tun willst und auch tun solltest – aber dann sitzt du am Schreibtisch, erinnerst dich an das großartige T-Shirt, das du letzte Woche gesehen hast, und denkst: „Das muss ich jetzt sofort kaufen! Oder: Hm, Koffein – schnell noch einen Espresso, bevor es losgeht.“ Und natürlich will der Hund schon wieder Gassi gehen, und das Gemüse schneidet sich auch nicht von selbst. Genau das ist dein innerer Schweinehund, der dich von der Arbeit ablenkt und in die Prokrastination treibt.

Wenn du die Eigenarten dieses lästigen Begleiters besser verstehen willst, gönn dir 15 Minuten (und verschiebe ruhig noch mal die Aufgabe, die schon die ganze Woche auf deiner To-do-Liste steht) und schau dir den großartigen TED-Talk von Tim Urban an[162]: In diesem sehr komischen und zugleich erhellenden Vortrag nimmt Urban uns mit auf eine Reise durch YouTube-Marathons, Wikipedia-Abgründe und ausgedehnte Fensterblick-Sessions – und fordert uns auf, genauer hinzusehen, *was* wir da eigentlich verdrängen, bevor uns die Zeit davonläuft.

Wir können es uns nicht leisten, Dinge aufzuschieben. Als Führungskraft musst du dafür sorgen, dass alle die Strategie kennen, wissen, was sie zu tun haben, bis wann, und dass sie auch Verantwortung übernehmen, pünktlich und effizient zu liefern. (Gleich nachdem du dieses T-Shirt gekauft hast!)

162 Inside the mind of a master procrastinator. Tim Urban – Ted Talks ((bitte URL sowie Abrufdatum ergänzen))

Zeit, den inneren Schweinehund zu schlagen

In der Antike war Prokrastination übrigens hoch angesehen – sie galt als Zeichen von Wohlstand: Wer Dinge aufschieben konnte, hatte offensichtlich Zeit zum Nachdenken. Heute hingegen ist die gängige Meinung, dass Aufschieber entweder faul, desinteressiert, unzuverlässig oder schlicht inkompetent sind.

Tatsächlich tobt in uns ständig ein Kampf zwischen limbischem System und präfrontalem Cortex – also zwischen Gegenwarts-Ich und Zukunfts-Ich, zwischen dem Keks sofort und dem später.[163] Miss Piggy und Kermit tragen ihren Kleinkrieg wieder einmal im Theater deines Geistes aus, und du sitzt passiv im Publikum.

Kurzfristig sorgt Aufschieben zwar dafür, dass der Stress abnimmt – du fühlst dich besser, weil du die unangenehme Aufgabe ja gerade nicht erledigst. Langfristig jedoch sinkt deine Leistung, während der Stress zunimmt.[164] Wir müssen also unseren präfrontalen Cortex gegenüber dem limbischen System stärken, um sicherzustellen: Erst die Arbeit, dann das Vergnügen. Den Kaffee trinken, das T-Shirt bestellen oder mit dem Hund rausgehen – all das darf zur Belohnung sein, nachdem du diese eine Aufgabe erledigt hast.

Wie wir gesehen haben, ist der präfrontale Cortex jener Teil des Gehirns, der Informationen verarbeitet und Entscheidungen trifft[165]. Timothy A. Pychyl, Psychologieprofessor an der Carleton University, erklärte einem Magazin: „Das ist der Teil des Gehirns, der Menschen wirklich von Tieren unterscheidet – Tiere sind schlicht durch Reize gesteuert."[166]

Allerdings ist dieser Entscheidungsprozess freiwillig. Wenn wir uns des Augenblicks nicht bewusst sind oder unsere Aufmerksamkeit nicht bei der Aufgabe liegt, übernimmt das limbische System. Laut Pychyl ist dieser Hirnbereich für das sogenannte „sofortige Stimmungsmanagement" zuständig. Das Ergebnis: Wir geben dem nach, was sich jetzt besser anfühlt – meist ein kleiner Dopaminschub –, und genau der treibt uns in die Prokrastination.

Diese innere Dynamik wird in unserer digitalen Welt zusätzlich durch die allgegenwärtigen, schnellen Dopamin-Kicks aus sozialen Medien verstärkt, die das limbische System regelmäßig überreizen und die Kontrolle des präfrontalen Cortex weiter erschweren. Man kann Social Media fast mit extrem industriell verarbeitetem Lebensmittel vergleichen – es ist „Dopamin-dicht" und liefert daher sofort ein Hochgefühl, hat aber selten wirklichen Nährwert für unser Gehirn. Wenn wir ständig solchen Inhalten ausgesetzt sind, verändert sich die Art und Weise, wie unser Belohnungssystem funktioniert, und es wird schwerer, den

---

163 Chen, B. B., and Chang, L. Procrastination as a fast life history strategy. Evol. Psychol. 2016;14:1–5. doi:10.1177/1474704916630314

164 Krause, K., Freund, A. M. Delay or procrastination–A comparison of self-report and behavioral measures of procrastination and their impact on affective well-being. Pers. Individ. Dif. 2014;63:75–80. doi:10.1016/j.paid.2014.01.050

165 Schluter, C., Fraenz, M., Pinnow, M. et al. The Structural and Functional Signature of Action Control. Aug 17, 2018.https://doi.org/10.1177/0956797618779380

166 Timothy A. Pychyl, Solving the Procrastination Puzzle: A Powerful and Proven Approach to Stopping Putting Things Off, Tarcher Perigee, New York 2013.

Fokus zu behalten.[167] Für Führungskräfte heißt das also ganz klar: Wie bei einer gesunden Ernährung sollten wir auch unsere „geistige" Diät im Blick behalten und den Konsum digitaler Reize bewusst zügeln. Aufmerksamkeit ist eine wertvolle Ressource – und wer sie schützt, führt klarer und souveräner.

Faule Ausreden oder Energiesparmodus?

Wenn wir Aufgaben aufschieben, erzeugen wir Stress – denn unser Gehirn vergisst unerledigte Dinge nie. Unerledigte oder unvollständige Aufgaben bleiben uns sogar besser im Gedächtnis als abgeschlossene. Dieses Phänomen wurde von der russischen Psychologin Bluma Zeigarnik[168] beschrieben: Sie stellte fest, dass Kellner die Bestellungen, die sie noch nicht serviert hatten, deutlich besser im Gedächtnis behielten als die, die bereits serviert waren. Unvollständige, aber wichtige Aufgaben können zu aufdringlichen Gedanken führen, die wiederum möglicherweise Stress, Ängste, Schlafstörungen sowie mentale und emotionale Erschöpfung verursachen.

Doch auch das Gegenteil ist der Fall: Der sogenannte Zeigarnik-Effekt kann sich positiv auf die psychische Gesundheit auswirken, indem er die Motivation liefert, Dinge endlich abzuschließen. Eine Aufgabe zu erledigen gibt uns ein Gefühl von Erfolg, stärkt das Selbstwertgefühl und fördert das Selbstvertrauen.

Unser Gehirn möchte am liebsten im Energiesparmodus bleiben. Wie wir gesehen haben, ist Handeln, Neues lernen oder das Bewältigen komplexer Aufgaben für das Gehirn anstrengend. In gewisser Weise können wir ihm seine Neigung zur Prokrastination also nicht verübeln – es will schlicht Energie sparen.

Überliste dein heutiges Ich zum Wohle deines zukünftigen

Hier ein paar Tricks, mit denen du dein Gehirn überlisten kannst – indem du es glauben lässt, dass es sich nur um kleine Dinge handelt, die nicht viel Energie kosten:

- **Suche oder kreiere die richtige Umgebung**, die zum Arbeiten motiviert oder ermutigt. Setz dich in ein Café, in dem 30 Leute um dich herum auf ihren Laptops tippen. Richte ein offenes Büro ein, in dem zwischen den Aufgaben Raum für kleine Gespräche und Belohnungen ist. Lass introvertierte Mitarbeiter von zu Hause aus arbeiten. Betrachte deine Rolle als Führungskraft wie die eines Gärtners oder Magiers: Sieh, was der Einzelne braucht, und gestalte für jeden die passende Umgebung.

---

167 Burn-Murdoch, J. Have we passed peak social media? Financial Times 3. Oktober 2025; https://www.ft.com/content/a0724dd9-0346-4df3-80f5-d6572c93a863

168 Zeigarnik, B. On Finished and Unfinished Tasks. Psychologische Forschung, vol. 9, no. 185, 1927, pp. 1–85.https://pdfs.semanticscholar.org/edd8/f1d0f79106c80b0b856b46d0d01168c76f50.pdf

- **Erledige die schwierigste Aufgabe zuerst** – das gibt dir einen ordentlichen Dopamin-Kick und hält dich den ganzen Tag über motiviert.
- **Arbeite mit Zeitintervallen.** und nutze die **Pomodoro-Technik**. Das Prinzip ist einfach: Plane **25 Minuten voller Konzentration** und setze dir dafür einen Timer. Mein Partner nutzt dafür eine **gelbe Zitronen-Küchenuhr** auf dem Tisch – nicht ganz so stilecht wie die **Tomaten-Eieruhr (*pomodoro*)** von Erfinder Francesco Cirillo, aber mindestens genauso wirksam![169] Danach macht er mit Milly einen Spaziergang oder guckt im Internet mal wieder nach Segelbooten, das ist seine Belohnung.
- **Zieh Dich selbst zur Rechenschaft.** Sprich mit jemandem, den du respektierst über dein Ziel. Es ist wirklich peinlich, wenn du deiner Frau versprichst, die Garage bis Ende der Woche aufzuräumen, und sie am Samstag immer noch so chaotisch wie zuvor ist.
- **Gehe Schritt für Schritt vor.** Zerlege Aufgaben in kleine, überschaubare Portionen. Arbeite sie nacheinander ab – so bekommst du regelmäßig kleine Dopamin-Schübe.
- **Belohne dich.** Du leistest Schwerstarbeit, indem du dein Gehirn überlistest, Energie „zu verschwenden" und etwas Neues zu schaffen. Also gönn dir regelmäßige Belohnungen: Dankbarkeit, ein Kompliment, ein kleines Geschenk. Ein paar Nüsse, etwas Obst (oder Gummibärchen) funktionieren prima.
- **Visualisiere dein Ziel.** Stell dir genau vor, wie es sein wird, wenn du es erreicht hast. Mach dir bewusst, welche Wirkung der Abschluss deiner Aufgaben haben wird. Diese Vorstellung ist einer der stärksten Motivatoren für dein Gehirn, weil sie dir schon im Voraus einen Schub Dopamin und Serotonin gibt – also gute Energie und Antrieb auf dem Weg zu deinem Ziel. (Mehr zur Visualisierung im nächsten Kapitel.)

***

Es gibt also keinen Grund, auf furchteinflößende „Brain-hack"-Ratschläge zu hören. Dein Gehirn lässt sich mit ein paar einfachen, oft unterschätzten Alltags-Weisheiten wunderbar in Richtung Gelassenheit und Höchstleistung lenken.

---

169 Cirillo, Francesco: The Pomodoro Technique. Selbstverlag 2006. Online verfügbar unter: https://francescocirillo.com/pages/pomodoro-technique

Kapitel 7
Mit dem kosmischen Bestellservice zum Erfolg

„Vorstellungskraft ist alles.
Sie ist die Vorschau auf die kommenden Attraktionen des Lebens.“ Albert Einstein

In meinen Mittzwanzigern las ich ein kleines Buch auf Deutsch mit dem Titel *Bestellungen beim Universum* von Bärbel Mohr.[170] Darin erklärt sie, wie man all seine Wünsche erfüllt, indem man sie einfach beim Universum bestellt. Mohr selbst nutzte diesen „Bestellservice“ für ihren Traumjob, den idealen Mann, Geld, Gesundheit – und sogar für ein Schloss, in dem sie wohnen konnte! Mohr lehrt, auf die innere Stimme zu hören, einfach eine Bestellung aufzugeben, sich zurückzulehnen – und wunderbare Dinge geschehen zu lassen.

Ich dachte mir: Wow, das ist ja wirklich niedlich! Irgendwie albern, aber auf der anderen Seite auch faszinierend – und zu verlieren gibt es ja nichts. Also probierte ich es mit Parkplätzen.

Ich lebte damals in Berlin Mitte, und Parkplätze waren schwer zu finden. Dann fing ich an jedes Mal, wenn ich einen Parkplatz suchte, meine Bestellung beim Universum aufzugeben – und, ob man es glaubt oder nicht, meine Erfolgsquote stieg deutlich. Noch heute bestelle ich meine Parkplätze beim Universum, sehr zur Freude meines Partners, der immer wieder überrascht ist, wenn ich mitten im größten Parkchaos doch noch eine Lücke finde.

Das zweite Mal, dass ich den „kosmischen Bestellservice“ wirklich einsetzte, war in einer sehr schwierigen und prägenden Lebensphase. Ich hatte einen Unfall mit Polytrauma – meine Lungen, Rippen, mein Schlüsselbein und Becken waren schwer verletzt. Mein Becken war an sieben Stellen gebrochen, und niemand wusste, ob ich je wieder laufen könnte, geschweige denn einkaufen, mit Freunden feiern oder Sport treiben. Viele Wochen musste ich völlig still im Krankenhaus liegen und hoffen, dass alles ordentlich zusammenwächst. Schließlich durfte ich das erste Mal wieder aus dem Bett aufstehen – um zu sehen, ob ich überhaupt wieder laufen könnte.

Während all der Zeit im Krankenhaus habe ich nie daran gezweifelt, dass ich wieder laufen, mit Freunden ausgehen und Sport treiben würde. In dieser Heilungsphase stellte ich mir regelmäßig und lebhaft vor, wie ich wieder gehe, tanze, Rad fahre, mich bewege. Diese Träume waren intensiv – ich konnte das Gehen und die Bewegungen regelrecht spüren. Das war meine kosmische Bestellung, verbunden mit „positiven Affirmationen“ (s. u.). Zum Glück hat es funktioniert – meine Leidenschaft fürs Skifahren und meine täglichen Spaziergänge mit Milly sind der beste Beweis. Ob meine Genesung tatsächlich etwas mit den Affirmationen und der kosmischen Bestel-

170 Mohr, B. Bestellungen beim Universum. Omega, 1998.

https://doi.org/10.1515/9783112234099-008

lung zu tun hat, weiß ich nicht. Aber es war schon irgendwie unheimlich – und geschadet hat es sicher nicht.

Also, was steckt nun hinter dem Bestellservice des Universums und wie kann man ihn wirklich nutzen?

Das Gesetz der Anziehung – Mythos oder Realität?

Es gibt vieles, wovon wir träumen oder was wir uns wünschen – Dinge, die wir in Zukunft haben, tun oder sein möchten. Doch wie kommen wir dorthin? Und können wir unser Gehirn als Werkzeug einsetzen, um unsere Ziele zu erreichen?

Kosmisches Bestellen ist im Grunde ein Werkzeug zum „Brain Hacking". Du hast vielleicht schon andere Begriffe dafür gehört – Visualisierung, Gesetz der Anziehung, Manifestation, positive Affirmationen oder retikuläre Aktivierung (Abbildung 7.1). Letztlich spielt es keine Rolle, welchen Ausdruck du benutzt. Worauf es wirklich ankommt, ist, die Wissenschaft und die Ergebnisse zu hinterfragen. Kann der kosmische Bestellservice funktionieren? Lass uns das einmal genauer anschauen.

Abbildung 7.1: Der kosmische Bestellservice – Mythos oder Magie?

Beispiele für positive Affirmationen

Das APA Dictionary of Psychology[171] beschreibt positive Affirmationen als kurze, häufig wiederholte Sätze, die positive Gefühle, glückliche Gedanken und Einstellungen fördern sollen. Sie haben keine spirituelle oder religiöse Bedeutung im klassischen Sinn und lassen sich vielfältig einsetzen. Kurz gesagt sind positive Affirmationen Aussagen, mit denen wir negative oder hinderliche Gedanken herausfordern können. Wenn wir sie oft wiederholen und an sie glauben, können wir positive Veränderungen anstoßen. Affirmationen fördern eine heitere und zuversichtliche Haltung.

171 American Psychological Association (APA): APA Dictionary of Psychology. Online verfügbar unter: https://dictionary.apa.org/self-affirmation

Unser Gehirn ist darauf ausgelegt, unsere Zukunft Wirklichkeit werden zu lassen (Abbildung 7.2). Der US-amerikanische Motivationstrainer Jack Canfield formulierte es so: „Wenn wir Ziele als bereits erreicht visualisieren, entsteht in unserem Unterbewusstsein ein Konflikt zwischen dem, was wir uns vorstellen, und dem, was wir tatsächlich haben. Unser Geist ist fest verdrahtet, solche Konflikte aufzulösen, indem er daran arbeitet, die aktuelle Realität an die Vision anzugleichen.“

Wer positive Gedanken pflegt, setzt sein Gehirn automatisch in Bewegung, um Gründe für diese Gedanken zu schaffen – um den inneren Konflikt zu lösen und Gleichgewicht in die eigene Welt zu bringen.

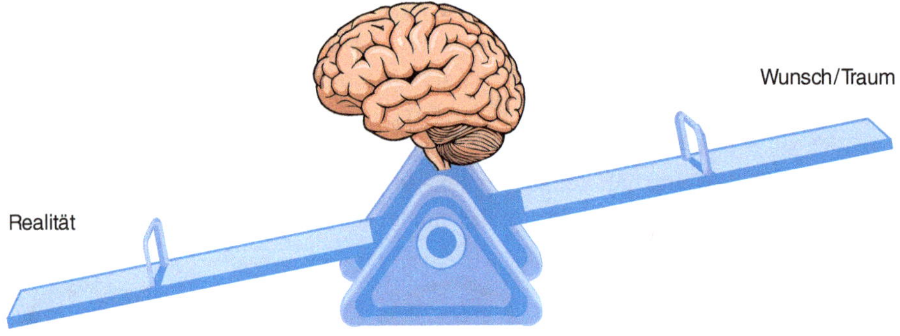

Abbildung 7.2: Das Gehirn bringt Wunsch und Wirklichkeit in Einklang.

Selbst-Affirmation und Stress

Selbst-Affirmationen können auch dabei helfen, Stress abzumildern. Eine der zentralen psychologischen Theorien dazu ist die Self-Affirmation Theory von Steele.[172] Demnach können wir unser Gefühl von Selbstintegrität beeinflussen, indem wir uns selbst – durch Affirmationen – positive Dinge sagen. Wichtig ist, dass diese Werte und Überzeugungen positiv sind und einen echten Teil unserer Persönlichkeit ausmachen.

Neurowissenschaftliche Studien zeigen, dass wenn man sich selbst positive Selbstaffirmationen sagt, bestimmte Hirnareale aktiviert werden. Dazu gehören Bereiche, die mit der Selbstverarbeitung (z. B. der mediale präfrontale Cortex) und dem Belohnungssystem (z. B. das ventrale Striatum) assoziiert sind. Das bedeutet, das Gehirn stuft die Affirmation als relevant für die eigene Person und als belohnend ein. MRT-Befunde legen nahe, dass sich neuronale Verbindungen verstärken, wenn Affirmationen wiederholt angewandt werden. Außerdem wird ein Teil des präfrontalen Cortex aktiver, der mit positiver Bewertung und der Verarbeitung selbstbezogener Informationen verknüpft ist.[173]

Teilnehmer einer Studie, die Affirmationen praktizierten, zeigten eine erhöhte Aktivität in wichtigen Regionen des Gehirns, die für die Selbstwahrnehmung (medialer präfrontaler Cortex und posteriorer cingu-

---

172 Steele, C. M. The Psychology of Self-Affirmation: Sustaining the Integrity of the Self. Adv Exp Soc Psychol.

173 Cascio, C. N., ODonnell, M. B., Tinney, F. J., Lieberman, M. D., Taylor, S. E., Strecher, V. J., Falk, E. B. Self-affirmation activates brain systems associated with self-related processing and reward and is reinforced by future orientation. Soc Cogn Affect Neurosci. 2015;11(4):621–629.

lärer Cortex) sowie die Bewertung (ventrales Striatum und ventromedialer präfrontaler Cortex) zuständig sind. Dies war der Fall, wenn sie über zukunftsorientierte Kernwerte nachdachten, verglichen mit alltäglichen Aktivitäten.[174] Mit anderen Worten waren sie in der Lage, sich selbst in der Zukunft in einem positiven Licht zu sehen.

Kann man zu positiv sein?

Es scheint also durchaus etwas dran zu sein, sich selbst ein positives Bild in der Zukunft zu geben. Aber was nun? Wie unterstützt du dein Gehirn dabei, die gewünschte Zukunft zu erschaffen?

Wenn du einen neuen Job beginnst, sage dir: „Ich werde erfolgreich sein." Glaube daran, dass du jedes Problem lösen kannst. Sage dir, dass du ein großartiger Vater/Mutter und ein toller Partner bist. Sprich Affirmationen in der Ich-Form:

- Ich glaube an mich und vertraue meiner eigenen Weisheit.
- Ich bin ein erfolgreicher Mensch.
- Ich bin kompetent und fähig in dem, was ich tue.

Solche positiven Aussagen aktivieren Prozesse im Gehirn, die nachweislich Ängste und Stress verringern, dir helfen, deine Werte zu festigen und dich motivieren, aktiv zu werden und zu handeln. Und diese Handlungen schaffen dann deine Realität.

Forschungsergebnisse bestätigen, dass positive Affirmationen und Selbstgespräche die neuroplastische Fähigkeit unseres Gehirns aktivieren. Durch wiederholte positive Gedanken werden neuronale Netzwerke gestärkt, die unser Selbstbild und unsere Erfolgsmotivation dauerhaft verändern.[175]

Aber jede Medaille hat zwei Seiten. Es gibt auch die kritische Sichtweise. Für genau die Menschen, die positive Affirmationen am dringendsten bräuchten, funktionieren sie oft nicht – oder schlagen sogar ins Gegenteil um. Denn das Unterbewusstsein sagt: „Im Ernst? Warum erzählst du mir diesen Quatsch?"

Die Forscherin Joanne Wood schreibt in einem ihrer Aufsätze: „Eines der Probleme ist, dass Menschen mit geringem Selbstwertgefühl solche positiven Selbst-Aussagen sofort widerlegen. Wenn sie sich zum Beispiel sagen: ‚Ich bin ein großartiger Mensch', dann kommen ihnen sofort Gedanken in den Sinn, die das Gegenteil

174 Vgl. Falk, E.B., ODonnell, M.B., Cascio, C.N., Tinney, F., Kang, Y., Lieberman, M.D., Strecher, V.J. Self-affirmation alters the brain's response to health messages and subsequent behavior change. Proc Natl Acad Sci USA. 2015;112(7):1977–1982.

175 GONÇALVES QUEIROZ, L. "Mind Over Matter: Exploring the Impact of Self-Beliefs and Internal Dialogue on Neuroplasticity and Mental Health." (2024); https://unitesi.unipv.it/handle/20.500.14239/30267

beweisen. Positive Selbst-Affirmationen können also gerade bei den Menschen, die sie am meisten brauchen, nach hinten losgehen."[176]

Wenn du und dein Unterbewusstsein nicht an das glauben, was du dir selbst sagst, bringt das Ganze nichts. Vor einer verkohlten Pfanne zu stehen und sich einzureden: „Ich bin ein Spitzenkoch", während der Geruch von verbranntem Essen durch die Küche zieht, besteht den Bullshit-Test nicht. Dein Unterbewusstsein wird widersprechen, die „positiven Schaltkreise" und Neurodingsdas im Gehirn werden nicht aktiviert.

Auch für mich persönlich sind verallgemeinernde Plattitüden oft nicht hilfreich. Wenn ich gut drauf bin, entlocken sie mir höchstens ein ironisches Augenrollen. Wenn ich schlecht drauf bin, ertappe ich mich dabei, wie ich innerlich gegen sie argumentiere. Statt also zu versuchen, oberflächliche Positivität über negative Gedanken zu breiten, ist es klüger, erst einmal mit dem Negativen aufzuräumen. Geht das? Natürlich – indem man neutral bleibt.

Statt: „Ich bin schön, glücklich und liebe mich selbst."

Lieber: „Ich arbeite daran, mich so zu akzeptieren, wie ich bin."

Statt: „Ich bin ein Spitzenkoch."

Lieber: „Mit jedem Gericht, das ich koche, lerne ich dazu und werde besser."

Solche neutralen, realistischen Sätze triggern keinen inneren Widerstand. Dein Gehirn muss keinen Widerspruch auflösen, und die alten Denkmuster aus negativen Gedanken nehmen ab. Dank der Neuroplastizität des Gehirns können sich neue, neutrale Bahnen entwickeln, die dich Stück für Stück zu deinem Ziel führen. Vielleicht wirst du kein Meister des Omeletts – aber ein Spiegelei liegt garantiert drin.

Sei also vorsichtig mit Affirmationen, besonders wenn du gerade nicht in einer guten Verfassung bist. Manche Sprüche sind lustig oder motivierend, wenn man sich ohnehin gut fühlt. Doch in einer schlechten Phase können sie das Gegenteil bewirken, weil dein Unterbewusstsein ständig dagegenhält und dich blockiert.

Wenn du ein praktisches Hilfsmittel suchst: Es gibt Apps, die Affirmationen für dich generieren. Ein Beispiel ist *ThinkUp*[177], dort findest du Affirmationen, die von bekannten Persönlichkeiten aus Sport, Coaching oder Literatur genutzt werden. Apropos: Viele berühmte Menschen arbeiten tatsächlich mit Affirmationen und mehr noch mit Visualisierung oder dem kosmischen Bestellservice.

---

176 Wood, J.V., Perunovic, W.Q.E., Lee, J.W. Positive Self-Statements: Power for Some, Peril for Others. Psychol Sci. 2009;20(7):860–866. https://doi.org/10.1111/j.1467-9280.2009.02370.x

177 https://www.thinkup.me

Prominente „Anwender“ und Erfolgsgeschichten

Ich bin sicher, du kennst das Zitat welches Muhammad Ali zugeschrieben wird: „Wenn ich es oft genug sage, dann wird die Welt schon überzeugt davon sein, dass ich tatsächlich der Größte bin – dachte ich mir.“ Sich selbst immer wieder zu sagen, was man haben will, wie man sein möchte und was die größten Träume sind – das funktioniert tatsächlich. Viele bekannte Persönlichkeiten nutzen diese Technik – von Spitzensportlern bis hin zu erfolgreichen Unternehmern. Sie erschaffen sich ihre eigene „virtuelle Realität“, bevor sie sie in der wirklichen Welt erreichen.

Ein Beispiel: Tiger Woods stellt sich bei jedem Abschlag den perfekten Schlag vor. Es gibt zahlreiche Studien und unzählige Geschichten, die belegen, dass mentales Training durch Visualisierung genauso effektiv sein kann wie echtes Training.[178] Man kann reale Fähigkeiten entwickeln und festigen, indem man sich vorstellt, wie man sie übt. Das erklärt, warum Visualisierung fester Bestandteil des Trainings fast aller Spitzensportler ist – schlicht und einfach, weil es wirkt.

Mentale Visualisierung ist weit mehr als Tagträumerei – sie kann nachweislich zur mentalen Stärkung beitragen. Eine aktuelle Studie mit Leistungssportlern zeigt, dass gezielte innere Bilder nicht nur Stress abbauen, sondern auch das Vertrauen in die eigene Fähigkeit fördern, schwierige Herausforderungen erfolgreich zu meistern.[179]

Dieses Prinzip gilt nicht nur im Kampfsport: Wer sich wiederholt vorstellt, eine anspruchsvolle Aufgabe souverän zu bewältigen, trainiert sein Gehirn so, dass es im entscheidenden Moment tatsächlich ruhiger und fokussierter reagiert.

Es gibt noch ein älteres, aber berühmtes Experiment zur mentalen Vorstellungskraft.[180] Eine Gruppe Basketballspieler wurde in drei Teams aufgeteilt. Die erste Gruppe trainierte intensiv, vier Stunden am Tag. Die zweite Gruppe trainierte nur durchschnittlich viel. Die dritte Gruppe jedoch übte lediglich *im Kopf* – sie visualisierte Würfe, ohne einen Ball anzufassen. Das Ergebnis: Gruppe eins machte Fortschritte – kein Wunder, sie trainierten hart. Gruppe zwei verbesserte sich kaum. Aber am erstaunlichsten war die dritte Gruppe: Sie verbesserte sich genauso stark wie die Spieler, die vier Stunden täglich real trainierten. Offenbar passiert im Gehirn etwas, das extrem wirksam für Lernprozesse ist – sogar beim Erlernen körperlicher Fähigkeiten.[181]

---

178 Zahavi, D., et al. (2024). “Motor imagery enhances performance beyond the imagined action.” *Neuroscience and Biobehavioral Reviews*, 145, 105060.

179 Di Corrado D., Tortella P., Coco M., Guarnera M., Tusak M., & Parisi M. C. (2025). Mental imagery and stress: the mediating role of self-efficacy in competitive martial arts athletes. Frontiers in Psychology, 16, 1517718. (https://doi.org/10.3389/fpsyg.2025.1517718)

180 Kendall G., Hrycaiko, D., Martin, G.L., Kendall, T. The effects of an imagery rehearsal, relaxation, and self-talk package on basketball game performance. J Sport Exerc Psychol, 1990;12:157–166.

181 Ranganathan VK, et al. From mental power to muscle power–gaining strength by using the mind. Neuropsychologia. 2004.

Ein bewegendes Beispiel liefert die Olympionikin Marilyn King. Sie bereitete sich auf die Qualifikation für die Olympischen Spiele 1980 vor, als sie eine schwere Rückenverletzung erlitt. Neun Monate vor den Wettkämpfen ans Bett gefesselt, konnte sie nicht trainieren. Doch sie gab nicht auf. Stattdessen verbrachte sie vier Monate damit, Videos der besten Athleten in ihren Disziplinen anzuschauen und sich vorzustellen, wie sie selbst diese Wettkämpfe absolvierte. Trotz fehlender körperlicher Vorbereitung belegte sie bei den Qualifikationen den zweiten Platz. King selbst sagte, nicht ihre körperliche, sondern ihre mentale Stärke habe ihr den Erfolg gebracht. Und es sind längst nicht nur Sportler, die Visualisierung nutzen. Auch Schauspieler, Unternehmer oder Künstler arbeiten mit diesen Methoden.

Der Autor und Cartoonist Scott Adams zum Beispiel stellte sich seinen Erfolg vor, bevor er tatsächlich berühmt wurde.[182] In einem Interview mit Tim Ferriss erzählte er, wie er sich vornahm, der berühmteste Comiczeichner der Welt zu werden. Fünfzehn mal am Tag schrieb er den Satz: „Ich werde der berühmteste Comiczeichner der Welt.“ Und dann erfand er Dilbert – der Rest ist Geschichte.

Ein anderes bekanntes Beispiel ist Jim Carrey. In der Oprah-Show[183] berichtete er, wie Visualisierung ihm geholfen habe. Damals war er noch ein unbekannter Schauspieler, der kaum über die Runden kam. Er schrieb sich selbst einen Scheck über 10 Millionen Dollar für „erbrachte Schauspielleistungen“, datiert auf 1994, und trug ihn ständig bei sich. Genau 1994 erhielt er für seine Rolle in *Dumm und Dümmer* die Summe von 10 Millionen Dollar. Heute gehört Carrey zu den bekanntesten Schauspielern Amerikas. Ihm zufolge war die Visualisierung entscheidend für seinen Weg.

Auch andere Größen wie Will Smith[184], Arnold Schwarzenegger oder Oprah Winfrey schwören auf Visualisierung. Oprah spricht häufig darüber, dass sie Vision Boards nutzt, um ihre Träume zu verwirklichen. In ihren Worten: „Erschaffe die großartigste Vision für dein Leben, die du dir vorstellen kannst – denn du wirst zu dem, was du glaubst.“[185]

Das alles sind beeindruckende Beispiele für die Kraft von etwas, das wir bis heute nicht vollständig erklären können.

Das RAS-System: Was steckt dahinter?

Wie wir gesehen haben, können Selbstaffirmationen deinen Geist in einen positiven, motivierten Zustand versetzen. Du kannst Affirmationen mit Visualisierungen kombinieren, beim Universum deine Bestellung aufgeben und auf den 10-Millionen-Dollar-

182 Podcast: Tim Ferriss with Scott Adams.http://tim.blog/2015/09/22/scott-adams-the-man-behind-dilbert
183 http://www.oprah.com/oprahs-lifeclass/What-Oprah-Learned-from-Jim-Carrey-Video
184 https://www.youtube.com/watch?v=1lb8IzI4ApI
185 Winfrey, Oprah: Commencement Address at Wellesley College, 30. Mai 1997.

Scheck oder den Welterfolg deiner Cartoons warten. Doch was passiert da eigentlich? Ist es mehr als nur ein magisches Unterbewusstsein?

Das retikuläre Aktivierungssystem (RAS) ist ein Nervenbündel im Hirnstamm, das in der Neurowissenschaft als Schaltzentrale für viele Prozesse gilt: von Bewusstsein und Atmung über die Filterung von Geräuschen bis hin zur Zielorientierung. Es wirkt wie ein gigantischer Trichter, der die Milliarden von Informationen, die täglich auf uns einströmen, sortiert.

Das RAS:

- beeinflusst Bewusstsein und Kognition,
- filtert rund 5 Prozent der ankommenden Daten heraus,
- eliminiert „weißes Rauschen",
- verwandelt eingehende Informationen in Gedanken und Emotionen,
- selektiert und leitet Daten weiter – abhängig von deinen Zielen.

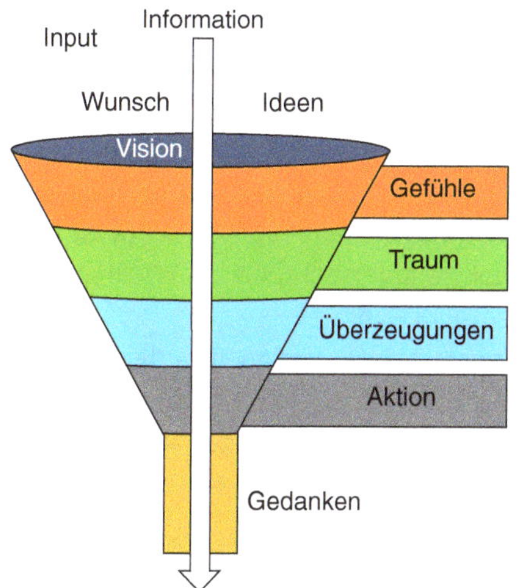

Abbildung 7.3: Der einzigartige Informationsfilter des Gehirns.

Stell dir das RAS wie eine hocheffiziente Suchmaschine im Kopf vor: Es lässt Millionen Bits von Informationen herein, selektiert das für dich Wichtige und speichert es so ab, dass es dir bei Bedarf sofort zur Verfügung steht. All das läuft unbewusst ab.

Wenn diese Theorie stimmt und dein Gehirn wirklich so funktioniert, wie kannst du dieses Wissen für dich nutzen? Kannst du ganz bewusst festlegen, was für dein Gehirn wichtig und unwichtig ist – und es so nach deinen Wünschen programmieren? Es sieht ganz so aus, denn das RAS filtert gezielt Informationen heraus, die deine Überzeugungen bestätigen und zu deinen Zielen und Werten passen (Abbildung 7.3).

Es „filtert die Welt" durch die Parameter, die du ihm vorgibst – und das, was du glaubst, erschafft diese Parameter. Wenn du zum Beispiel glaubst, dass du kein guter Koch bist, wird dein Essen vermutlich wirklich ungenießbar und deine Gerichte verbrennen immer wieder. Wenn du jedoch überzeugt bist, etwas effizient zu machen, dann stimmt das vermutlich auch. Das RAS sorgt also dafür, dass du genau das siehst, was du sehen willst, und bestätigt so deine Überzeugungen, die wiederum dein Handeln beeinflussen.

Kurz gesagt:

- Vorstellung und Handlung sind für das Gehirn identisch.
- Mentale Bilder aktivieren die gleichen Hirnareale wie tatsächliches Verhalten.
- Dein Gehirn versucht, Gedanken in Realität zu verwandeln – es unterscheidet nicht zwischen „wirklich passiert" und „nur gedacht".

Aber auch wenn dein Gehirn nicht zwischen echt und unecht unterscheidet, erkennt es den Unterschied zwischen wichtig und unwichtig.

Die Macht der Visualisierung

Wenn du dir deine Ziele jeden Tag so vorstellst, als seien sie bereits erreicht, entsteht in deinem Unterbewusstsein ein Konflikt. Deine aktuelle Realität passt nicht zu der spannenderen Vision. Dein Unterbewusstsein versucht, diesen Widerspruch aufzulösen – und genau dadurch setzt es Prozesse in Gang:

1. Dein Gehirn-RAS wird so programmiert, Informationen in deinem Bewusstsein zuzulassen, die dir helfen, deine Ziele zu erreichen. Wenn du glaubst, ein großartiger Koch zu sein, tauchen plötzlich genau die Dinge auf deinem Radar auf, die dir helfen werden, diesen Glauben zur Realität zu machen.
2. Dein Unterbewusstsein beginnt, kreative Ideen und Lösungen zu produzieren. Du wachst morgens mit neuen Gedanken auf, hast Einfälle unter der Dusche, beim Spazierengehen oder Autofahren. Du entdeckst einen Artikel in der Zeitung, führst ein Gespräch, das dich mit den richtigen Leuten verbindet, oder stößt auf einen Kochkurs oder ein interessantes Buch.
3. Dein Gehirn wird angeregt, Ressourcen zu erkennen und zu nutzen, die dir helfen, deine Träume umzusetzen. So meldest du dich beispielsweise zu diesem Kochkurs an.
4. Du aktivierst das Gesetz der Anziehung[186], indem du Menschen, Ressourcen und Gelegenheiten in dein Leben ziehst, die dich unterstützen. Du triffst Köche oder angehende Köche, die dir Ratschläge und Inspiration geben.

186 https://www.jackcanfield.com/blog/using-the-law-of-attraction

5. Du entwickelst neue Motivation, die nötigen Schritte wirklich zu gehen. Dein Dopamin-Kreislauf springt an und gibt dir den nötigen Schwung.
6. Du stellst fest, dass du plötzlich Dinge tust, die dich deinem Ziel näher bringen: Du meldest dich freiwillig für neue Aufgaben bei der Arbeit, sprichst offener aus, was du willst, oder bereitest bei jeder Gelegenheit Frühstück, Mittag- und Abendessen vor.

Warum ist das so wichtig? Ganz einfach: Wenn du nichts tust, verändert sich nichts. Es ist entscheidend zu verstehen, wie wir das Gehirn formen und nutzen, wenn wir visualisieren, Ziele definieren und Affirmationen gestalten. Aber: Man darf sich nicht täuschen. Es wäre zu einfach, sich nur darauf zu verlassen, dass sich ein Wunsch erfüllt, sich zurückzulehnen und abzuwarten. Wir müssen bereit sein, Chancen zu erkennen, wenn sie auftauchen und sie ergreifen. Das reine Füttern von RAS und Unterbewusstsein mit der Welt unserer Träume reicht nicht. Wir müssen unsere Vision der Zukunft mit Energie und Einsatz verbinden. Erst dann maximieren wir das Ergebnis.

Der eine zusätzliche Faktor, um visualisierte Träume tatsächlich in Realität zu verwandeln, ist zu handeln.[187] Auf der Couch sitzen, die *Muppet Show* schauen und Chips essen wird dir sehr wahrscheinlich kein Sixpack bescheren. Es braucht also einen klaren Wunsch und eine positive Erwartung, ja – aber ebenso einen Prozess, vielleicht sogar einen langen Weg bis zum Ziel, mit Hindernissen, die es zu überwinden gilt, und mit dem erforderlichen Einsatz. Schöne Bilder von Erfolg oder dem perfekten Omelett bzw. Sixpack allein sind nicht genug. Du musst fest entschlossen sein, dein Ziel zu erreichen, und jeden Schritt, der dich ihm näherbringt, in eine positive Bestärkung und konkrete Handlung umwandeln. Mein persönliches Mantra dazu lautet: **„Glück ist, wenn Vorbereitung und Gelegenheit zusammen fallen."**

Werde zum Traum-Erfüller

Wenn du für deine Leute zum Traum-Manager werden möchtest, gibt es eine wichtige Voraussetzung: Damit Vertrauen und Motivation wachsen können, müssen die Ziele im Einklang mit den persönlichen Werten jedes Einzelnen stehen. Du brauchst deine Magier-Qualität, um zu inspirieren und eine Vision zu zeichnen, damit alle ihr RAS auf dasselbe Ziel ausrichten können. Wenn Ziel und Werte nicht im Einklang stehen, liefert dir dein RAS eine Lösung, die du gar nicht willst. Sei also vorsichtig, was du dir wünschst.

187 Oettingen, G. Future thought and behaviour change. European Review of Social Psychology. 2012;23(1):1–63.

Fallbeispiel

Ich arbeitete mit Tom, CEO einer Wohltätigkeitsorganisation, zusammen. Er verdiente nicht viel Geld, hatte eine Frau und vier Kinder. Seine Frau arbeitete ebenfalls ganztags, obwohl sie lieber zu Hause geblieben wäre. Tom wünschte sich einen anderen Job, idealerweise mit doppeltem Gehalt, um sich besser um die Familie kümmern und finanziell sorgenfrei leben zu können. Gemeinsam entwickelten wir eine Visualisierung für seine Zukunft: ein Jobangebot, ein hohes Gehalt, das große Eckbüro. Er fügte hinzu, dass er seinen Kindern gern das Schwimmen mit Delfinen ermöglichen wollte. Also stellte er sich vor, wie seine Assistentin drei Wochen Urlaub für einen Familienaufenthalt in Disney World buchte. Tom visualisierte den Moment, in dem er seiner Frau überraschend eröffnete, dass sie nicht mehr arbeiten müsse. Er war begeistert von dieser Visualisierung.

Ein paar Wochen später berichtete er mir jedoch, dass die Visualisierung sich für ihn falsch anfühle. Wir nahmen sie also auseinander und analysierten sie Stück für Stück. Warum funktionierte sie nicht? Die Antwort war einfach: Er stammte aus einem sehr christlichen Umfeld und glaubte fest daran, dass er auf dieser Welt sei, um anderen zu helfen. Reich zu sein und mehr zu haben als andere, stand im Widerspruch zu seinen Werten. Das Ziel, das er sich gesetzt hatte, war schlicht nicht mit seiner inneren Überzeugung vereinbar.

Also modifizierten wir seine Vision dementsprechend: Tom stellte sich vor, Leiter einer viel größeren und wirkungsvolleren Organisation zu werden, in der er sehr viel mehr Menschen unterstützen und Gutes tun konnte. In dieser neuen Vision half er zugleich seiner Familie, indem er seinen Kindern Zuwendung und Liebe schenkte. Acht Wochen später lag ein konkretes Jobangebot auf seinem Tisch.

Übung Die Zukunft als Hausaufgabe

1. **Definiere deine Ziele** – und setze klare Prioritäten. Das Gehirn unterscheidet zwischen wichtig und unwichtig.
2. **Erzähle dir selbst eine Geschichte** und verbinde sie mit positiven Emotionen.
3. **Sprich deine Geschichte laut aus** – dadurch fokussiert sich dein Gehirn noch stärker auf das Ziel.
4. **Gestalte ein mentales Bild des Erfolgs** – oder ein Vision Board, das du an die Wand pinnst, wo du es täglich siehst. Viele meiner Klienten, Freunde und Familienmitglieder nutzen diese visuellen Hilfen, und auch ich habe eines.
5. **Wiederhole deine Gedanken und Gefühle**, die mit deinem Ziel verknüpft sind, denn so wird das RAS aktiviert. Sprechen aktiviert andere Teile des Gehirns als Schreiben oder Emotionen. Das Gehirn versteht, was Du sagen, schreibst und fühlst – verbinde also alle drei Gehirnareale miteinander.
6. **Dein RAS-Filter beginnt**, alle relevanten Informationen aus der Umwelt einzusammeln.
7. **Priorisiere ((AB und C))**, um dein Filtersystem im Gehirn neu zu programmieren.
8. **Bestehende Erfahrungen und Werte** werden hilfreiche Impulse von außen anziehen.
9. **Das Gehirn setzt neue Prioritäten** schließlich in reale Fakten um.

Du brauchst keine Fee mit Zauberstab, die dir deine Wünsche erfüllt. Dein Gehirn hat seine eigene Methode, um deinen Lebenszweck zu entdecken und deine Träume wahr werden zu lassen.

Kapitel 8
Die Better Brain Company

"The only way to do great work is to love what you do." Steve Jobs[188]

Ich stand vor einer schwierigen und eher ungewöhnlichen Herausforderung – nämlich, zwischen vier Jobangeboten wählen zu müssen. Mir ist bewusst, dass viele Menschen sich genau dieses Problem wünschen würden, und ich war anfangs auch ziemlich begeistert. Doch die Entscheidung für diese letzte Festanstellung, bevor ich mich selbstständig machen wollte, war für meine Nerven eine echte Zerreißprobe. Wie wählt man am besten aus, in welchem Unternehmen man künftig sehr viel Zeit verbringen wird?

Mein Partner schlug vor, eine Excel-Tabelle zu machen und jede der vier Firmen anhand meiner wichtigsten Kriterien zu bewerten. Mittels einer bewerteten Entscheidungsmatrix könnte ich die Ergebnisse addieren und ganz rational entscheiden. Ein bisschen so wie in dieser Tabelle:

Tabelle 8.1: Entscheidungsmatrix zur Jobauswahl.

	Lebensqualität	Status	Team/ Inspiration	Bezahlung
Firma A				
Firma B				
Firma C				
Firma D				

Normalerweise erstelle ich Excel-Tabellen nur sehr widerwillig, aber in diesem Fall machte ich eine Ausnahme. Zunächst legte ich meine Top-Kriterien fest: Qualität des Lebensstils (ob ich gesund leben und genug schlafen könnte), finanzielle Aspekte, Status, Team und inspirierende Menschen, mit denen ich zusammenarbeiten würde. Anschließend bewertete ich jede Firma anhand dieser Kriterien.

Eine Firma war mein klarer Favorit – sie erfüllte alle meine Wünsche. Doch beim ersten Einstellungsgespräch sagte mir die HR-Direktorin, ich müsse jeden Tag im Büro erscheinen. Zwei Stunden Fahrt dorthin. Zwei Stunden zurück. Jeden. Einzelnen. Tag.

Damals stand es für mich und meinen Partner außer Frage, unser Haus zu verkaufen und näher an die Firma zu ziehen. Und ehrlich gesagt hätte ich es ohnehin

188 Steve Jobs, Rede zur Abschlussfeier der Stanford University (2005)

https://doi.org/10.1515/9783112234099-009

nicht getan, da die Stadt, in der das Büro lag, schlicht unattraktiv war. Da auch Homeoffice keine Option war, lehnte ich ab. Die HR-Direktorin war völlig irritiert. Sie war überzeugt, dass es der perfekte Job für mich sei – er passte zu all meinen Fähigkeiten und Ambitionen. Sie wusste, dass ich ihn wollte – ich hatte es ihr selbst gesagt. Warum also nicht einfach zusagen?

Die Antwort war für mich klar: Ich hätte jeden Tag vier Stunden wertvolle Lebenszeit geopfert und mir gleichzeitig vier Stunden Stress aufgehalst. Kein Job war mir das wert. Es passte nicht zu meiner Vorstellung von Lebensqualität – und dieser Punkt überstimmte alle anderen Kriterien.

Ein Tag im Leben des Better Brain CEO

Wie wird man zur *Better Brain Company* – dem Traumarbeitgeber, der die klügsten Köpfe anzieht und halten kann? Dafür braucht es mehr als nur eine Ansammlung von Menschen, die um die Macht der Gehirnfunktionen wissen.

Während ich darüber nachdachte, wie sich eine solche Firma am besten beschreiben lässt – wie sie aussieht, wie sie sich anfühlt, wie sie funktioniert, wächst und gedeiht –, wurde mir klar: Es ist besser, sie realistisch vorzustellen, statt sie zu erklären. Also stellte ich mir den CEO der Better Brain Company an einem ganz normalen Arbeitstag vor. Wie er Entscheidungen trifft, Menschen einstellt oder sich von ihnen trennt und wie er die Neurodingsdas bei sich selbst und seinen Mitarbeitenden (inklusive des Firmenhundes) ins Gleichgewicht bringt.

Ein Tag in einer Better Brain Company

Darf ich vorstellen: Jack[189]– CEO der Better Brain Company.

Es ist acht Uhr, Jack ist bereit für die Arbeit. Er benutzt die App auf seinem Smartphone und fünf Minuten später holt ihn ein selbstfahrendes Auto zu Hause ab. Hinten sitzen schon zwei Kollegen, Jack steigt ein und sie plaudern entspannt über ihre Familien. Auf dem Weg zum Innovationspark, wo sie sich die Büroflächen mit sechs anderen Firmen teilen, sammeln sie noch zwei weitere Leute ein. Vor einem von Bäumen gesäumten Boulevard steigen sie aus, das Auto saust davon, um die nächsten Pendler abzuholen.

Kaum hat Jack die Lobby betreten, stürmt seine PR-Managerin Melinda mit einem breiten Grinsen auf ihn zu. „Jack, es ist fantastisch – wir sind auf der Liste der zehn Serotonin-freundlichsten Unternehmen! Kannst du das glauben?"

Das Lächeln steckt sofort an. Als Jack zurücklächelt, entsteht eine emotionale Verbindung zwischen ihren beiden Gehirnen. Jack ist stolz auf sich und sein Team. Er

189 in Anlehnung an Jack Welch, dem ehemaligen chairman und CEO von General Electric (GE).

weiß: Die Arbeit der letzten sechs Monate hat die Neurochemie im Unternehmen auf ein positives Niveau gebracht – die Leute sind gesund, motiviert und glücklich.

Er läuft durch das Großraumbüro, winkt und lächelt den Mitarbeitenden zu. Sein Assistent schlägt ihm vor, vor der Vorstandssitzung noch den Meditationsraum zu besuchen. Dort finden jeden Vormittag und Nachmittag kurze Einführungskurse statt – jeweils 20 Minuten. Jack liebt diese Sessions. Sie bringen seine Neurodingsdas ins Gleichgewicht, aktivieren den Parasympathikus, entspannen und machen zugleich kreativer. Meditation stärkt den präfrontalen Cortex, steigert die Energie und reduziert limbischen Stress.

Danach geht es ins wöchentliche Meeting mit dem Führungsteam. Zwei Stunden Zeitlimit – das war am Anfang ein harter Schnitt, denn die Leute waren endlose Sitzungstage gewohnt. Jack aber weigerte sich strikt, mehr Zeit zu verschwenden. Er kommt vorbereitet und erwartet dasselbe von allen anderen.

Ein Blick in die Runde: Einige sind per Video zugeschaltet. Der CFO meldet sich virtuell von seinem Segelboot – er überquert gerade den Atlantik. Die Marketingdirektorin arbeitet von zu Hause, weil sie sich die Betreuung ihrer dreijährigen Tochter mit ihrem Mann teilt. Für die Anwesenden im Raum hat der Caterer eine Auswahl einfacher, gesunder Snacks bereitgestellt: frischer Kaffee, Tee, Nüsse und Obst.

Das Highlight des Tages kommt diesmal von einem externen Partner. Jack hatte den CEO des innovativen Healthcare-Unternehmens vor einigen Monaten kennengelernt und war sofort beeindruckt. Die Firma bietet umfassende Gesundheits-Checks an, die Blutwerte, die Funktionen von Herz, Darm, Bewegungsapparat und Kognition sowie den Spiegel der wichtigsten Vitamine umfassen. Auf dieser Grundlage werden maßgeschneiderte Pläne für Ernährung, Lebensstil und Mikrobiom erstellt. Dabei werden körperliche und geistige Gesundheit gleichermaßen berücksichtigt – alle drei Gehirne spielen eine Rolle.

Diese Firma zeichnete sich zudem dadurch aus, dass sie ihre personalisierten Programme mithilfe von KI-gestützter Datenanalyse entwickelte. Millionen anonymer Gesundheitsdaten flossen in die Algorithmen, die Muster erkannten, welche selbst erfahrenen Ärztinnen und Forschern bislang verborgen geblieben waren. Für Jack war das ein Aha-Moment: Hier arbeitete künstliche Intelligenz Hand in Hand mit menschlicher Erfahrung. Dieses Zusammenspiel überzeugte ihn.

Aktuelle Forschung zeigt, dass KI Führung nicht ersetzt, sondern erweitert.[190] Während KI die datenintensive Analyse übernimmt, bringt der Mensch Intuition, Kontextverständnis und moralisches Urteilsvermögen ein. So entsteht eine neue Form der Entscheidungsintelligenz, die präziser, schneller und zugleich menschlicher ist.

190 Wei, J,ian & Qi, S, un & Wang, Wanjiang, & Jiang, Liuyan &, Gao, H,Huihui & Zhao, F, eng & Al-Bukhaiti, Khalil, & Wan, Anping. (2025). Decision-Making in the Age of AI: A Review of Theoretical Frameworks, Computational Tools, and Human-Machine Collaboration. Contemporary Mathematics. 2089—2112. 10.37256/cm.6220256459.

Für Jack steht fest: Technologie darf kein Selbstzweck sein, sondern muss den Menschen dienen. Wer KI einsetzt, trägt Verantwortung – für Transparenz, Fairness und die ethische Anwendung. Nur dann kann diese Partnerschaft zwischen unserer und künstlicher Intelligenz das leisten, was sie verspricht: bessere Entscheidungen und eine Führungskultur, die Hirn und Herz verbindet.

Die Analyse und das Programm kosten mehrere tausend Euro pro Person. Jack war zunächst etwas skeptisch, aber als er es selbst ausprobierte, stellte er nach nur drei Monaten eine so wesentliche Verbesserung seines allgemeinen Wohlbefindens fest, dass er beschloss, das Programm seinem Führungsteam anzubieten. Jetzt führen sie es als Entwicklungsinstrument für alle Mitarbeiter ein. Es ist kostspielig, aber das Geld definitiv wert, denn wie Jack sagt: „Besser Rauchmelder kaufen, als die Sirenen der herannahenden Feuerwehrautos zu hören."

Mittags geht er in die Cafeteria und holt sich einen Lachs-Kichererbsen-Salat, verfeinert mit natürlichen Nootropika. Jack schwört auf Brain Food. Dafür hat er eigens einen Spitzenkoch engagiert, der geniale probiotische Smoothies zaubert – perfekt abgestimmt, um das Bauchhirn gesund zu halten. Heute gibt es einen Bio-Shot mit Bifidobacterium und Lactobacillus, um Stimmung und Gedächtnis zu fördern. Mit diesem kleinen, köstlichen Getränk tut Jack täglich etwas für seine Gehirngesundheit.[191]

Da die Sonne scheint, nimmt er sein Essen mit nach draußen auf die Terassse. Auf dem Weg schnappt er sich Bella, den Firmenhund. Bella gehört einer seiner wichtigsten Forschungskräften. Jack konnte sie nur einstellen, weil es im Unternehmen eine Hundebetreuung gibt. So weiß er, dass Bella tagsüber gut versorgt, ausgeführt und geknuddelt wird. Jack genießt die halbe Stunde Spaziergang – oft ist es genau dieser Leerlauf, der seine Kreativität beflügelt.

Freiheit, Fokus, Spaß: Der Better Brain Arbeitsplatz

Auf dem Rückweg ins Büro erinnert sich Jack daran, was ihn ursprünglich inspiriert hat, die Better Brain Company so aufzubauen, wie sie heute ist. Zuvor hatte er viele Unternehmen analysiert, die bereits erste Schritte in Richtung einer neurobiologisch geprägten Führung unternommen haben – und überlegt, wie er deren Initiativen noch verbessern könnte.

Zum Beispiel hatte Microsoft Japan bereits im Sommer 2019 für einen Monat die Vier-Tage-Woche eingeführt. Das Ergebnis: 40 Prozent mehr Produktivität im Ver-

191 Quansah M, David MA, Martins R, et al. The Beneficial Effects of Lactobacillus Strains on Gut Microbiome in Alzheimer's Disease: A Systematic Review. *Healthcare (Basel)*. 2025;13(1):74. Published 2025 Jan 3. doi:10.3390/healthcare13010074

gleich zum Vorjahr.[192] Oder Novartis übertrug mit dem Konzept des „Unbossing"[193] seinen Mitarbeitenden mehr Verantwortung und Entscheidungsfreiheit. Netflix wiederum bietet seit 2015 eine der attraktivsten Elternzeiten der Welt: ein ganzes Jahr bezahlt, egal ob bei Geburt oder Adoption.[194] Und Google hat ebenfalls ein beeindruckendes Paket: von vollständig bezahlten Elternleistungen über Adoptionsunterstützung bis hin zu hauseigenem Spa, Fitnesscenter, Arztpraxis, Werkstätten, Wäscherei und natürlich kostenlosen Mahlzeiten am Googleplex.[195]

Viele dieser Zusatzleistungen wirken je nach Generation und Lebensstil „cool" oder „übertrieben". Doch eines ist klar: Diese Firmen sind erfolgreich, Menschen reißen sich darum, dort zu arbeiten – und sie bleiben Ihnen treu.

Von diesen Vorbildern inspiriert, definiert Jack die Minimalstandards für sein Unternehmen:

- Keine Präsenzpflicht. Der Arbeitsplatz ist ortsunabhängig, sodass die Mitarbeiter von jedem beliebigen Ort aus arbeiten können. Wenn sie ins Büro kommen und in einem Großraumbüro arbeiten möchten, können sie das tun. Wenn sie im Office, im Café, zu Hause oder auf ihrem Boot arbeiten möchten, ist das vollkommen in Ordnung.
- Das Büro ist ein Ort, an dem sich die Mitarbeitenden treffen und bei Bedarf spontane Besprechungen abhalten können. Wenn Sie die Meinung anderer benötigen, können Sie das entsprechende Team zusammenstellen und dessen kollektives Wissen nutzen.
- Ziele im Einklang mit Werten. Jeder Mitarbeitende arbeitet auf Ziele hin, die seinen persönlichen Werten entsprechen.
- Ein Tag pro Woche für private Projekte. Eigene Ideen, Leidenschaften und Kreativität brauchen Zeit, in der man ungestört nachdenken kann.
- Radikale Vielfalt. Jede Stimme zählt – unabhängig von Herkunft, Geschlecht, Religion, Hautfarbe oder Gehalt. Und Vielfalt bedeutet mehr weit als nur demografische Unterschiede! Bis zu 17 Prozent der Arbeitskräfte sind neurodivers – Menschen, die einfach anders ticken als der Durchschnitt. Erste Forschung deutet darauf hin, dass die bewusste Einbindung solcher Talente nicht nur den Mitarbeitenden zugute kommt, sondern auch die Innovationskraft und Problemlösungskompetenz von Teams stärken könnte.[196] Wir stehen hier noch am Anfang, aber

192 4-Day Workweek Boosted Workers' Productivity By 40%, Microsoft Japan Says.https://www.npr.org/2019/11/04/76163853/microsoft-japan-says-4-day-workweek-boosted-workers-productivity-by-40

193 CNBC, Why the CEO of this multi-billion dollar firm wants to 'unboss' companies, 2019. ((URL und Abrufdatum))

194 CNN Money, Netflix to offer unlimited parental leave, 2015. ((URL und Abrufdatum))

195 Google Careers: Benefits at Google. Online verfügbar unter: https://www.google.com/about/careers/applications/benefits/

196 LeFevre-Levy, R., Melson-Silimon, A., Harmata, R., Hulett, A. L., & Carter, N. T. (2023). Neurodiversity in the workplace: Considering neuroatypicality as a form of diversity. Industrial and Organizatio-

es lohnt sich, Neurodiversität als mögliche Chance für eine stärkere, klügere und resilientere Organisation zu betrachten.

- Brain Food: Mitarbeiter werden mit gehirnfreundlicher Ernährung versorgt. Wöchentlich erhalten sie individuell abgestimmte Bakterienkulturen, die ein optimales Mikrobiom schaffen und so die Gehirn-Darm-Verbindung stärken.
- Transport: Firmeneigene selbstfahrende Autos erlauben, dass niemand fahren muss, sondern alle den Transport gemeinsam und kostenlos nutzen können.
- Coaching: Jeder Mitarbeitende bekommt Zugang zu einem Coach sowie zu Beratungs- oder Therapiesitzungen. Diese werden vom Unternehmen kostenlos angeboten, da sich gezeigt hat, dass sie Stress und Burn-out wirksam vorbeugen. Samstagsmorgens werden Interessierten Sitzungen mit einem Psychotherapeuten angeboten.
- Fitnessstudio: Im Unternehmen sowie private Trainer unterstützen die Mitarbeitenden u. a. auch bei persönlichen Ernährungsplänen. Neue Forschungen zeigen, dass das Immunsystem durch Sport gestärkt, das Altern verlangsamt und die Neuroplastizität des Gehirns gefördert wird.[197]
- Firmenhunde, mit denen tagsüber Gassi gegangen werden kann, sind erlaubt und gewünscht. Interaktion mit Tieren schafft Raum für‘s Mind Wandering und steigert Kreativität und Innovation.
- Sichere Arbeitsumgebung: Physisch wie psychisch muss das Büro ein Ort sein, an dem man sich wohl und aufgehoben fühlt.
- Schlaf-Pods: Kurze Nickerchen sind wichtig für Leistung und Gesundheit.
- Happiness Index: Das Unternehmen misst regelmäßig die Serotonin-Werte seiner Mitarbeitenden, um das Wohlbefinden sichtbar zu machen.

Jack ist stolz, dass seine Better Brain Company bereits Preise für Mitarbeiterzufriedenheit gewonnen hat. Er weiß: Der Erfolg liegt darin, einen Ort zu schaffen, an dem Menschen sie selbst sein können – und ihr volles Potenzial entfalten.

Smart, nicht hart: Der Better Brain Job

Jacks nächstes Meeting ist mit der Chief Purpose Officer des Unternehmens. Sie für die Definition, Verankerung und Messung des Unternehmenszwecks zuständig. Gemeinsam gehen sie die Ergebnisse des monatlichen „Energy Audits“ durch, um zu prüfen, welche Tätigkeiten für die Mitarbeitenden Energie kosten und welche Energie schenken. Die Mitarbeitenden sind aufgefordert, für die monatliche Analyse eine Liste mit ihren liebsten und den am wenigsten gemochten Aufgaben und Verantwortlichkeiten zu erstel-

---

nal Psychology: Perspectives on Science and Practice, 16(1). https://www.siop.org/Portals/84/docs/Journal/16.1/Focal1.pdf

197 Mattson, M.P., Longo, V.D., & Harvie, M. (2017). “Impact of intermittent fasting on health and disease processes.” *Ageing Research Reviews*, 39, 46–58. https://doi.org/10.1016/j.arr.2016.10.005

len. Im zweiten Schritt werden sie angeregt, nach Möglichkeiten zu suchen, wie sich die energieraubenden Aufgaben reduzieren lassen. Das erreicht man u. a. durch:

- Die Aufgabe ganz sein lassen (falls möglich).
- Die nervenaufreibende Arbeit auslagern oder delegieren.
- Die Aufgabe so verändern, dass sie zumindest erträglich wird.

Jeder Mitarbeiter erstellt dafür jeden Monat eine Übersicht mit grünen (energiespendenden) und roten (energieraubenden) Tätigkeiten – mit dem Ziel, mit der Zeit immer mehr grüne Felder zu erhalten.

Mit dem Energy Audit hat Jack ein Werkzeug eingeführt, das ihn klar als Gärtner-Führungskraft auszeichnet. Er kann beobachten, was seine Mitarbeitenden aufblühen lässt, und ihnen mit dem richtigen Feedback, der nötigen „Nahrung" und dem Übertragen von Verantwortung den besten Boden für ihr Wachstum bereiten.

Indem die Mitarbeitenden ihre Energie bewusst steuern und erschöpfende Tätigkeiten reduzieren, stärken sie nicht nur ihr Wohlbefinden, sondern fördern auch ihre Resilienz – die Fähigkeit, Stress und Herausforderungen standzuhalten. Dieses verbesserte Energie-Management hilft ihnen zudem, sich flexibler an neue Situationen anzupassen.

Gerade nach der Pandemie zeigt eine Studie, dass Mitarbeiter, die sowohl resilient als auch anpassungsfähig sind, dreimal häufiger ein hohes Engagement zeigen und fast viermal häufiger innovatives Verhalten an den Tag legen.[198]

Als Jack damit begann, die Unternehmenskultur zu definieren, war es eine seiner größten Herausforderungen, den Bedürfnissen der verschiedenen Generationen, die hier zusammenarbeiten, gerecht zu werden. Dies ist umso wichtiger, da diese Bedürfnisse nicht nur durch unterschiedliche Werte, Arbeitsweisen und Erwartungen geprägt sind, sondern auch durch zunehmende physische Distanz und digitale Kommunikationsformen beeinflusst werden.

In der heutigen Arbeitswelt, in der Nähe häufig durch Bildschirme ersetzt wird, ergibt sich für Führungskräfte eine zusätzliche Herausforderung: Wie können sie auch über Distanz hinweg echte Verbindungen schaffen? Unser Gehirn reagiert auf Distanz zunächst mit Vorsicht, da es Körpersprache, Blickkontakt und das subtile „gemeinsame Schwingen" vermisst. Studien zeigen, dass regelmäßige persönliche Kontakte, kurze Abstimmungen und bewusstes Zuhören dabei helfen, diese neuronale Distanz zu überwinden und echtes Vertrauen auch über digitale Hilfsmittel hinweg aufzubauen.[199]

Neurowissenschaftliche Erkenntnisse zeigen, wie sich Arbeit seit der Pandemie grundlegend verändert hat: Der feste Arbeitsplatz verliert an Bedeutung, Kontrolle weicht Selbstorganisation, und digitale Tools verändern, wie wir kommunizieren, führen und zusammenarbeiten. Videokonferenzen und KI-Assistenzsysteme

---

198 McKinsey & Company. (2023). *Adaptive leadership in uncertain times.* Retrieved from https://www.mckinsey.com/capabilities/people-and-organizational-performance/our-insights/developing-a-resilient-adaptable-workforce-for-an-uncertain-future

199 Bravo-Duarte, F. et al. (2025). Wellbeing in telework: a systematic review of leadership competencies. *Frontiers in Organizational Psychology*, 16, 1576926.

wirken direkt auf jene Gehirnnetzwerke, die Aufmerksamkeit, Empathie und Kreativität steuern.[200] Wer klassische Bürostrukturen einfach digitalisiert, riskiert jedoch, dass Unternehmenskultur und Zusammenhalt auf der Strecke bleiben. Erfolgreiches Arbeiten braucht heute neue, kreative Wege, wie Arbeitsumgebungen, die Flexibilität, Fokus und persönliche Verbindung fördern.

Von Beginn an hatte Jack klare Vorstellungen davon, welche Werte und Rahmenbedingungen die Kultur der Better Brain Company prägen sollten. Er wollte ein inspirierendes Arbeitsumfeld schaffen, das Menschen befähigt, ihr volles Potenzial zu entfalten – ob im Büro, im Homeoffice oder irgendwo dazwischen.

Aus diesen Überlegungen entstanden die fünf Eckpfeiler der **Brain-First-Kultur für gesunde Höchstleistung:**

1. Balance statt Dauerleistung: Arbeit hat keinen Vorrang vor dem Leben – Wohlbefinden, Regeneration und Flow stehen im Mittelpunkt.
2. Vertrauen statt Kontrolle: Mitarbeitende entscheiden selbst, wann, wo und wie sie arbeiten – unterstützt durch digitale Tools und KI, die Effizienz erleichtern statt diktieren.
3. Flow statt Standardjob: Die Aufgaben sind so gestaltet, dass sie das Gehirn in den optimalen Arbeitszustand bringen – mit Raum für Stärken, Eigeninitiative und kreative Energie.
4. Purpose statt Pflicht: Mitarbeitende werden ermutigt, große Visionen zu entwickeln und ihre Ziele mit Sinn, Nachhaltigkeit und persönlicher Motivation zu verbinden.
5. Empathie statt Mikromanagement: Führungskräfte schaffen eine Atmosphäre, die von Vertrauen, psychologischer Sicherheit und positiven neurochemischen Impulsen getragen ist – Dopamin, Serotonin und Oxytocin inklusive.

Diese Philosophie durchzieht alles – von flexibler Zeit- und Ortswahl über individuelle Gesundheits- und Entwicklungsprogramme bis hin zu einer Führungskultur, die auf Transparenz, Freiraum und Menschlichkeit setzt. So entsteht eine Organisation, in der Leistung an Wirkung gemessen wird, nicht an Präsenz, und in der Menschen wirklich arbeiten *wollen*, statt nur zu *müssen*.

Jacks Vision lautet: Die höchste Stufe des Engagements ist erreicht, wenn ein voll engagierter Mitarbeiter aus Überzeugung darüber spricht, dass er die Arbeit nicht als Pflicht, sondern als echte Berufung empfindet, dann ist der Gehaltsscheck praktisch ein Bonus. Daraufhin entwickelte er zusammen mit seinem Führungsteam folgende Leitlinien:

---

200 Riva G, Wiederhold BK, Mantovani F. Surviving COVID-19: The Neuroscience of Smart Working and Distance Learning. Cyberpsychol Behav Soc Netw. 2021 Feb;24(2):79–85. doi: 10.1089/cyber.2021.0009. PMID: 33577414.

Die Charta der Better Brain Company:

- Leistung bemisst sich am Ergebnis, nicht an der Arbeitszeit. Wer seine Arbeit in minimaler Zeit erledigt, erhält einen Bonus.
- Jeder Mitarbeiter entscheidet selbst, wie er oder sie Ziele erreicht – völlige Autonomie unter Berücksichtigung der verfügbaren Ressourcen, aber mit flexiblem und agilem Management von Zeit, Maßnahmen und Netzwerk.
- Der Weg zum Ziel gehört den Mitarbeitenden allein – sie sind Captain ihres Weges.
- Keine Urlaubsrichtlinie (wie bei Netflix und Virgin): Die Mitarbeitenden nehmen sich Urlaub, wenn es für sie passt und wann sie es brauchen.
- Traum-Arbeitsplätze fördern die persönliche Entwicklung der Teammitglieder. Es stehen individuelle Angebote bereit, z. B. regelmäßige Selbstevaluierungen, Workshops oder finanzielle Unterstützung für Weiterbildung.
- Die Atmosphäre soll Mut machen, Neues auszuprobieren.
- Das Unternehmensmotto lautet: Je früher du scheiterst, desto schneller hast du Erfolg.
- Die Haltung „einfach machen!“ wird ebenso gefördert wie „produktives Scheitern“. Dieses führt zu besseren Entscheidungen und nützlichen Erkenntnissen und wird belohnt.
- Routinen werden über Bord geworfen. Meetings finden nur statt, wenn es wirklich nötig ist.
- Die Führungskräfte geben Feedback und Lob, wenn Ziele erreicht oder übertroffen werden. Schon kleine Gesten – ein Schulterklopfen oder eine kurze Glückwunsch-Mail – steigern die Produktivität. High Potentials werden mit speziellen Challenge-Programmen, mehr Verantwortung und zusätzlichen Trainingsmöglichkeiten gefördert.

Eine gute Führungskraft[201] – egal ob Captain, Magier oder Gärtner – berücksichtigt die persönlichen Bedürfnisse ihrer Mitarbeiter und respektiert deren Individualität. Da sich unterschiedliche Generationen in unterschiedlichen Lebensphasen befinden, erwarten sie von Arbeitgebern Flexibilität. Die Boomer, die an den Ruhestand denken, möchten vielleicht ihre Arbeitszeit reduzieren und akzeptieren dafür auch ein geringeres Gehalt. Sie wollen keine neuen Ideen mehr entwickeln, sondern lieber den Status quo bewahren und bringen damit Stabilität ins Unternehmen. Die Generation X benötigt viel Flexibilität, um einerseits Karriere zu machen und andererseits für die Familie da zu sein. Millennials möchten vielleicht ein weiteres Studium absolvieren oder andere Bildungswege beschreiten. Sie lieben den stetigen Zyklus aus Iteration (dem wiederholten Durchlaufen und Verbessern von Arbeitsabläufen) und agilem Prototyping (dem schnellen Erstellen und Testen von vorläufigen Lösungsansätzen) und blühen dabei auf.

Der Better Brain Leader: Führung, die das Gehirn befähigt

Am Nachmittag steht für Jack eine herausfordernde Aufgabe an: Er muss einem Kollegen Feedback geben, der nicht gut performt. Jack merkt, dass sein Mitarbeiter durch

201 Harvard Business Review, Jordan/Jordan/Wade/Teracino, Every Leader Needs to Navigate These 7 Tensions, 2020.

die SCARF-Matrix (vgl. Seite 59) getriggert wird und in einen Adrenalin-/Cortisol-getriebenen Angstmodus verfällt. Mit einer einfühlsamen Fragetechnik bringt Jack den Mitarbeiter zurück in den parasympathischen Zustand und reaktiviert den präfrontalen Cortex. So kommt ein bewusstes, logisches Gespräch zustande, das zu einem guten Ergebnis führt. Im Gespräch wird klar, dass der Mitarbeiter seine Defizite erkennt und beide einigen sich auf einen Entwicklungsplan.

Jack ist der Inbegriff eines guten Captains: Er steht zu seinen Mitarbeitern, führt sie mit Klarheit und Entschlossenheit und sorgt dafür, dass sie sich sicher und gestärkt fühlen. Er behandelt jeden mit Respekt, Fürsorge und Verantwortungsbewusstsein. Genau das befähigt seine Leute, ihr volles Potenzial einzubringen und sich dem Ziel zu verschreiben. Jack verbringt mehr Zeit damit, Fragen zu stellen und zuzuhören, als selbst zu reden. Eine Frage, die er besonders oft stellt, ist: „Warum machst du das?" Diese Frage ist so einfach und unverfänglich – und trotzdem fällt es vielen schwer, sie zu beantworten. Jack ist ein Meister darin, offene Fragen zu stellen, die den anderen dabei helfen, sich verstanden zu fühlen und sich selbst besser zu verstehen.

Darüber hinaus weiß er, dass Führungskräfte mit gutem Beispiel vorangehen müssen, indem sie genauso flexibel arbeiten wie ihre Teams. Auch er wird jedes Jahr daran gemessen, wie gut er die Unternehmenskultur stützt – das fließt sogar in seinen Bonus ein. Jack weiß außerdem, dass er nicht perfekt ist und die drei GMC-Führungskompetenzen nicht alle gleich gut beherrscht. Er kennt seine Stärken und weiss sie auf die richtige Weise zu nutzen. Gleichzeitig holt er die Chief Purpose Officer und den HR-Direktor ins Boot, um die Führungsaspekte abzudecken, die bei ihm weniger ausgeprägt sind. Sein HR-Director bringt seine Gärtner-Qualitäten ein, sorgt also für die optimalen äußeren Bedingungen und den passenden Arbeitsplatz, damit auch Jack sich noch weiterentwickeln kann. Die Chief Purpose Officer nutzt ihre Magier-Qualitäten, inspiriert und motiviert das Team auf Basis von Vertrauen und Belohnung und ermutigt alle, groß zu träumen und ihre Ziele zu visualisieren.

Gegen Ende des Tages steht noch ein Bewerbungsgespräch mit einem Kandidaten an. Jack und sein HR-Direktor erklären dem Bewerber das Onboarding und die Entwicklungskultur der Firma:

- Bevor jemand eine Rolle antritt, analysiert die Führungskraft mit ihm gemeinsam seine größten Träume und persönlichen Werte. Auf dieser Basis entwickelt der neue Mitarbeiter sein eigenes „Purpose"-Statement, das dann mit der übergeordneten Vision und Mission des Unternehmens verknüpft wird.
- Dem Kandidaten wird eine Auswahl an extrinsischen und intrinsischen Belohnungen (zum Beispiel bezahlte Auszeit für Weiterbildung, Forschung oder ein eigenes Entwicklungsprojekt) präsentiert, wenn er seine persönlichen Ziele und die übergreifenden Unternehmensziele erreicht.

Für Bewerber klingt so ein Ansatz oft neu und überraschend – aber auch ein bisschen „magisch". Sie spüren sofort: „Wow, die sehen mich wirklich als Mensch und interessieren sich für mich!" Allein durch die Fragen nach persönlichem Ziel und den größten Träumen entsteht eine limbische Resonanz, die sofort gute Gefühle zwischen den beiden Gehirnen erzeugt – eine wunderbare Grundlage für eine Arbeitsbeziehung.

Jack hat festgestellt, dass diese magische Führungskomponente – mit dem Einzelnen seinen persönlichen Zweck zu analysieren – die Dopamin- und Serotonin-Werte der Mitarbeitenden deutlich verbessert hat. Mitarbeiterbindung ist kein Problem mehr. Die Leute sind einfach glücklich, in einer so individualisierten, positiven Kultur zu arbeiten.

Endlich ist es Zeit, nach Hause zu fahren. In der bequemen Fahrt mit einem der Fahrzeuge aus der unternehmenseigenen Mobilitätsflotte fällt Jack ein, dass er morgen unbedingt eine Sache anpacken muss, die er schon viel zu lange vor sich herschiebt: seine Nachfolge. Der Vorstand macht ihm schon seit einer Weile Druck, und auch er selbst spürt, dass es für ihn Zeit wird, in den Ruhestand zu gehen. Nicht, weil ihm die Leidenschaft oder der Biss für die Führung des Unternehmens abhanden gekommen wären. Jack ist jedoch zutiefst davon überzeugt, dass es in jeder Karriere irgendwann den Moment gibt, an dem man sein Leben auf zwei Dinge hin optimieren sollte: Zeit und Energie.

Jack spürte, dass er genau an diesem Punkt angekommen ist – und er will selbst bestimmen, wer sein Nachfolger werden soll. Er weiß nur zu gut, was externe Studien[202] immer wieder zeigen: In den meisten Firmen wird viel zu wenig für eine gute Nachfolgeplanung getan – gleichzeitig werden aber astronomische Summen ausgegeben, wenn ein CEO ersetzt werden muss. Er weiß, dass die Auswahl und das Einarbeiten einer vielversprechenden Führungskraft Jahre und nicht nur ein paar Monate dauern sollte.

Eines jedoch ist ihm am wichtigsten: Er legt sich nicht fest, ob sein Nachfolger einen Führungsstil als Gärtner, Magier oder Captain verfolgen soll. Jeder dieser Stile kann funktionieren. Die eigentliche Herausforderung besteht darin, jemanden zu finden, der versteht, dass nicht ein einzelner Führungsstil ausreicht, um wirklich eine großartige Führungskraft zu werden – und zu bleiben. Ein guter Nachfolger braucht nicht nur einen gut arbeitenden präfrontalen Cortex, sondern auch ein gutes Stück limbische Sensibilität. Erst die Kombination aus beidem stellt sicher, dass er bereit ist, seinen eigenen Stil durch die richtigen Menschen im Team zu ergänzen.

„Am Ende des Tages", denkt Jack, „ist es immer deine ganz persönliche Entscheidung, wie du führst. Warum also nicht Angst und Kontrolle hinter sich lassen und stattdessen einen vertrauensvollen, gehirnfreundlichen Arbeitsplatz schaffen, der die Bedürfnisse heutiger und zukünftiger Generationen berücksichtigt?"

202 Rothwell, W. J. (2023). "The Power and Importance of Succession Planning." *Harvard Business School Executive Education.*

Schlussfolgerung

Am Ende dieses Buches

... hast du vielleicht verstanden, welche Herausforderung es bedeutet, unser Gehirn zu verändern und unsere Führung zu individualisieren?

... hast du hoffentlich viel über den Prozess gelernt, das zu entdecken, aufzubauen und ins Gleichgewicht zu bringen, was sich in der „Box" in unserem Schädel befindet?

... hast du die Chancen gesehen, die sich daraus ergeben, wenn wir Erkenntnisse aus der Neurowissenschaft nutzen, um eine andere Basis für Führung zu schaffen und damit bessere Unternehmen aufzubauen?

... bist du nun bereit, dir selbst und den Menschen, die dir wichtig sind, dabei zu helfen, sich kennenzulernen, sich weiterzuentwickeln – und letztlich erfolgreich zu sein?

Oder doch nicht? Und wirst du jetzt wirklich etwas verändern?

Lass uns ehrlich sein: Wenn wir die Herausforderung nicht annehmen, unsere drei Gehirne zu nutzen und mit unseren zugrunde liegenden Superkräften alles zu verändern, wird sich nicht viel tun. Am Ende bleiben wir wieder bei der Zahl 42 stecken bleiben und unser Hund wird uns mehr lieben als alle Millennials, Gen-X- und Gen-Z-Vertreter in unseren Unternehmen. Sie werden irgendwann einfach gehen – auf der Suche nach etwas Inspirierendem. Vielleicht verabschieden sie sich mit einem Gruß, wie Douglas Adams ihn den Delfinen in den Mund gelegt hat: *So long, and thanks for all the fish!*

Zeit ist das Einzige im Leben, das du nie zurückbekommst. Menschen verbringen fast 50 Prozent ihres Lebens mit Arbeit. Als Führungskraft hast du die großartige Chance, die Kraft und Weisheit deines Gehirns zu nutzen, um deinen Mitmenschen Sinn und Zweck in ihrer Arbeit zu geben. Denn niemand kann ein Leben lang Zeit und Energie in etwas investieren, das keinen Sinn für ihn ergibt.

Wenn du also wirklich willst, dass deine Mitarbeitenden bleiben, was kannst du tun? Nun, fange einfach noch einmal bei Kapitel 2 an und mach dir klar: Dein Gehirn ist eine ewige Baustelle. Dann probiere eines der Werkzeuge und Tipps aus Kapitel 6 aus, um deinem Gehirn zu helfen, sich selbst zu optimieren. Denk darüber nach, dir einen Hund zuzulegen. Oder räum die Spülmaschine blind aus, um deine Neuroplastizität zu trainieren. Vielleicht gestaltest du auch ein Vision Board für das nächste Jahr. Oder du erkennst plötzlich, dass dein Unternehmen nicht im Entferntesten so inspirierend ist wie die Better Brain Company – und kündigst, weil du dir selbst treu bleiben willst.

Mein größter Wunsch wäre, dass du – falls du eine Führungskraft bist – versuchst, deine Welt zu einem besseren, gehirnfreundlichen Ort zu machen, für die Menschen, für die du Verantwortung trägst. Meine Hoffnung ist, dass du über das Buch reflektierst und versuchst, zwei Welten zusammenzubringen – Führung und

https://doi.org/10.1515/9783112234099-010

Neurowissenschaft. Dass du den Mut findest, eine Führungskraft zu werden, die couragiert ist, aber auch anfänglich vielleicht ein bisschen ängstlich. Und dass du dich zu jemandem entwickelst, der verborgenes Potenzial freisetzt, seinen Mitarbeitenden dabei hilft, ihre Gehirne zu verbessern, und die Führungskraft wirst, die du immer sein wolltest.

Es gibt nichts zu verlieren – aber alles zu gewinnen.

„Die Chancen, wirklich herauszufinden, was im Universum vor sich geht, sind so gering, dass man nur eines tun kann: die Sinnsuche abhaken und sich einfach beschäftigen."[203] Douglas Adams

203 Adams, D. Per Anhalter durch die Galaxis, Rogner & Bernhard, 1994.

Über Martina Muttke

Martina Muttke ist promovierte Ärztin und hat die meiste Zeit ihres Berufslebens in Führungspositionen in großen Pharma- und Biotechorganisationen verbracht – dort, wo komplexe Wissenschaft auf menschliche Unordnung trifft. Sie hat internationale Teams aufgebaut, Regionen geleitet, Strategien entworfen, verworfen und neu erfunden.

In mehr als 25 Jahren in globalen Unternehmen hat Martina vieles erlebt: Sie wurde befördert, gefeuert, hat aufgebaut, umstrukturiert und gelernt, dass Scheitern manchmal die ehrlichste Form von Fortschritt ist. Heute arbeitet sie als Executive Mentor und Leadership Coach mit CEOs und Führungsteams, berät Unternehmen und Investoren in der Biotech-Branche und ist in Vorständen aktiv.

Martina Muttke ist Absolventin des Advanced Management Program (AMP) der Harvard Business School und im globalen Harvard-Netzwerk engagiert. Ihre Leidenschaft gilt den Menschen – ihrer Motivation, ihren Widersprüchen und der Frage, warum wir trotz allem immer wieder versuchen, es besser zu machen.

Martina und ihr Partner João haben beschlossen, dass es an der Zeit ist, das Leben hinsichtlich Zeit und Qualität zu optimieren. Die gute Nachricht: Das bedeutet, dass sie abwechselnd in Spanien und der Schweiz leben und João an seinem Traum eines Bootes als schwimmendem Home Office arbeitet. Die schlechte: Martina hat dabei ihre goldene Airline-Karte verloren.

Mehr Informationen über sie und ihre Arbeit als Coach und Speaker findest du auf www.martinamuttke.com.

https://doi.org/10.1515/9783112234099-011

Abbildungsverzeichnis

https://doi.org/10.1515/9783112234099-012

Tabellenverzeichnis

https://doi.org/10.1515/9783112234099-013

Register

https://doi.org/10.1515/9783112234099-014

www.ingramcontent.com/pod-product-compliance
Lightning Source LLC
LaVergne TN
LVHW081324110826
845149LV00007B/1588